赋能授权型经理

激活员工点燃创业精神

（原书第2版）

[美] 彼得·布洛克 著
（Peter Block）

慕兰 译

The Empowered Manager

Positive Political Skills at Work

人民邮电出版社
北京

图书在版编目（C I P）数据

赋能授权型经理 ：激活员工点燃创业精神 ：原书第
2版 / （美）彼得·布洛克（Peter Block）著 ；慕兰译
. -- 北京 ：人民邮电出版社，2020.4
ISBN 978-7-115-53472-9

Ⅰ. ①赋… Ⅱ. ①彼… ②慕… Ⅲ. ①授权管理
Ⅳ. ①F271

中国版本图书馆CIP数据核字(2020)第035768号

版权声明

The Empowered Manager: Positive Political Skills at Work, Second Edition.

ISBN 978-1-119-28240-2

◆著　　[美] 彼得·布洛克（Peter Block）
译　　慕　兰
责任编辑　袁　璐
责任印制　周昇亮
◆人民邮电出版社出版发行　　北京市丰台区成寿寺路 11 号
邮编 100164　　电子邮件 315@ptpress.com.cn
网址 http://www.ptpress.com.cn
涿州市京南印刷厂印刷
◆开本：720×960　1/16
印张：13　　2020 年 4 月第 1 版
字数：180 千字　　2020 年 4 月河北第 1 次印刷

著作权合同登记号　图字：01-2019-4445 号

定　价：69.00 元

读者服务热线：（010）81055522　印装质量热线：（010）81055316

反盗版热线：（010）81055315

广告经营许可证：京东工商广登字20170147号

目　录

CONTENTS

译者序 / VII

序 / XI

前言 / XVII

序章　夹心经理人 / 1

第一部分　突破家长制思维：重新点燃创业精神 / 7

第 1 章　塑造工作环境的个人选择 / 11

最容易走的路 / 11

明察秋毫与掩耳盗铃 / 13

选择一条具有创业精神的职业发展之路 / 14

何当明哲保身 / 20

第 2 章　授权的文化 / 23

官僚循环 / 24

创业循环 / 26

家长制契约 / 28

短视自利：与晋升和自尊有关的神话 / 35

操纵策略 / 49

第 3 章　授权的选择 / 57

创业契约 / 63

开明自利 / 74

真诚策略 / 82

第二部分　工作中的积极政治技能 / 91

第 4 章　创建伟大的愿景 / 95

创建愿景，主张自主 / 95

什么是愿景，为何如此重要 / 96

创建愿景 / 102

传达愿景 / 112

指导他人创建他们的愿景 / 114

第 5 章　与“盟友”和“敌对者”谈判 / 121

关键技巧：谈判一致与谈判信任 / 122

第 6 章　平衡自主与依赖 / 141

职场中的政治脚本 / 143

正确使用脚本 / 156

互依 / 158

自主与互依 / 160

与上司和平相处 / 161

第 7 章　直面组织现实 / 165

真正的勇敢行为 / 167

第 8 章　实现愿景 / 175

拥抱紧张情绪 / 176

结语 / 177

注解书目 / 181

致谢 / 185

译者序

ABOUT THE TRANSLATOR

赋能领导，选择伟大

毋庸置疑，“赋能授权”是当今管理界、工商界和经理人最为关注的“热词”。

谷歌公司的创始人拉里·佩奇说：“在未来组织中，最重要的功能不再是管理或激励，而是赋能授权。”著名的管理学者陈春花也说，在未来的组织管理中，最核心的价值就是我们怎么去赋能和激活人才；华为、腾讯、阿里巴巴、京东等高科技互联网企业大力提倡的都是赋能授权；即便不从事管理工作，你也能经常在各种论坛和媒体上看到有关赋能授权的字眼儿。

然而，究竟什么是赋能授权？为什么要赋能授权？为什么那些最优秀的组织都将关注点投向赋能授权？如何做到赋能授权？如何成长为赋能授权型经理？对于这些最本质、最关键的问题，本书给出了全面、系统且清晰的解答，提供了一整套行之有效的从官僚政治到赋能文化的解决方案，为组织和管理者走向赋能之路提供了最明确的指引和最有力的支撑。

“最有效的管理人才的方式是什么？”这是所有管理理论和管理实践需要回答的核心问题，而如何回答这个问题，取决于你对人性的看法。

1960 年，管理学大师道格拉斯·麦格雷戈（Douglas Gregor）提出了著名的 X 理论和 Y 理论。X 理论认为大部分人生来就是懒惰的，会逃避工作；Y 理论认为，大部分人并非天生就厌倦工作，当各种因素控制得当时，工作会成为满足人们需求的一种资源。

对人性积极一面的看法以及对人的关注和尊重，为打造赋能授权型的组织文化奠定了基础，为身处快速变化的组织挖掘内在潜藏的无穷力量，也为赋能授权型经理的涌现奠定了基础。

所谓赋能授权，从字面上讲，就是赋予他人能力，从管理者的角度出发，就是由上而下地释放权力，赋予员工自主工作的权力，激活人才内驱力，使他们成为自己工作、生活的主角。

为什么要赋能授权？因为无论是大型组织还是小型团队，在市场竞争面前，都需要具备卓越的创新力、竞争力、灵活性与韧性。打造这样的组织，做到“上下同欲者胜”，是最难的事情。本书为我们提供了积极参与职场政治、打造赋能授权型组织的有关理论、方法和工具。

全书分为两个部分。第一部分开篇即直指工作场所存在的政治现象，这也是我们很少有机会看到的极富价值的洞见。我们都心知肚明，在官僚型组织机构中，再优秀的管理实践都是奢谈，再多的改革举措都是枉然，因为消极的职场政治思想这双大手每时每刻都在影响着组织中的每个人。等级森严的企业组织结构、命令与控制型的领导作风，让人们误认为，为了掌控职场中的政治局势，我们必须擅长：

- 操纵局面，并且时而操纵他人；
- 掌控信息，为了自身利益处心积虑；
- 在自己的事情需要支持时打着高层的旗号；
- 在处理关系时精于算计；
- 高度关注上司的想法；
- 不轻易“说出真相”。

事实上，“职场政治”本来是一种高级形式的公共服务，然而它最终失去了自己的尊严，被重新解释成“为自己服务”，变得自私自利，隐含负面的意味。本书还原了政治的本义，即管理众人之事，倡导以积极的政治构建赋能的文化和结构，从“最好的意义上”参与职场政治。这意味着以服务、贡献和创造来发挥职场政治的作用。积极的职场政治行为是为了最好地服务于公司内部和外部的客户，整个组织是我们创造的，员工作为主人翁，成为决定组织未来的重量级人物，这种心态是组织中创业精神的核心，将职场政治行为引向“提供服务与贡献”。

更具现实意义的是，书中指出：即使面对组织中总有人比我们位高权重的现实，也能够意识到“我们仍然可以有所选择”这一点至关重要。在任何时刻，做出怎样的选择，都将把我们导向创业思维或是家长制思维这两个不同的方向。创业思维引导我们以积极的方式参与职场政治；家长制思维将导致我们产生众所周知的、消极的职场政治行为，否定我们相互依存的关系。我们需要做出的根本选择是：

- 维持现状还是探索可能；
- 谨小慎微还是勇于改变；
- 从属依赖还是自主互依。

本书的第二部分为读者呈现了工作场所中的政治技巧以及采取具体行动的路线图。

作者大胆地提出，让我们用“伟大”替代传统的、沉闷阴暗的组织生活，用去中心化、放权、激活人心来赋能员工，让他们成为组织的主人，让听得见炮声的人们来做决定。

创造伟大的愿景至关重要，愿景是我们清醒时创造的梦想，描述了我们对于组织如何发展的深切希望。不但组织需要拥有愿景，而且秉承创业精神并全心投入工作的人也必须创造自己的愿景。这个过程的指导原则包括3个基本步骤：创建愿景、传达愿景，以及辅导他人创建其愿景。愿景需要由高层与各个层级的人员共同制定，在这个过程中，我们还要分清“盟友”“敌对者”等角色以及8种政治脚本，需要直面组织现实，才能实现伟大的愿景。

一般来看，在小型创新企业中赋能授权相对容易，而本书指出，在大型官僚机构中，作为中层管理人员，当你被夹在中间时，你依然可以勇敢而为，做出自己追求“伟大”的努力。

组织减少官僚作风和建立问责制，需要的不只是简单地减少工作岗位，或是变得更为精益和敏捷，而是管理者、员工和各级人员在思想上的一大转变，即感到被赋予选择权，以此造福企业和人们。

本书不仅为经理人提供了关于赋能授权的系统知识和理论模型，而且描绘了踏上赋能授权之路的行动路线图。依此而行，无论何时，身在何处，面临何等处境，你都拥有积极而为、赋能领导的“伟大”选择。

慕兰

2020年3月

序

PROLOGUE

读不读由你

本序言旨在帮助你定夺要不要读这本书。写一本关于组织的书，可不像谍战小说那样能开门见山地写：在两国交界的一条河流上，浓雾从河面上慢慢升腾。深夜，一列火车飞驰而来，在车上一个隔间的角落里，有两个男人不省人事，其中一人手中握着一张名片，上面有用绿墨浮雕印刷的七足蟾蜍的标识，此时出现了一位神秘女子，她的玉手伸进钱夹……在谍战作品中，所有这一切都发生在开篇第一段中，故事充满悬念，情节扣人心弦，你一看便知，这正是你想看的书。

要找到一本既描写组织生活又对你具有某种意义的书，并没有那么容易。你不必等读了 100 页再决定是否读完本书，我现在就告诉你本书适合哪些人读、不适合哪些人读，以及书中的大致内容。

来自桥上的观点

本书为两类人而写。第一，参与组织运营、为如何创建并传承卓越组织而每天奋斗的经理人，他们希望组织能体现其个人信念，以及其对工作、成就、贡献和精神生活的价值观。第二，在组织中对工作感到无能为力的人，他们无法做出想要的改变，认为某些管理者正是问题所在。

对于一个组织，我们不仅关心它能否成功，更关心它能否为确保未来的优势留下一笔宝贵的文化资产。创建并传承一个强大的组织，需要建立起一种员工对自己、对组织负责的文化。在这种文化中，从属依赖、互相指责、保守控制、自私行事的行为减至最少。这也正是本书的写作主旨：创建一个富有创业精神的组织，让所有成员都担当责任，共建一个人人信赖的工作场所。

关注这些问题，意味着我们将自己视为代表变革和改进的力量，这使得我们在美国企业一贯注重的安稳、升迁、控制、推卸责任的工作文化中略显激进了。在许多方面，本书正是写给那些外表保守而内心激进的人，激进的心让我们着眼于愿景，探索可能的机遇，而不是计算潜在的风险。怀有激进之心的人希望变得务实，但更愿意生活在旷野之中、危险之中，因为他们相信，作为人才荟萃的场所，组织才刚刚开始发挥其潜力。他们不仅追求高绩效，还希望能在体现人生意义的场所中工作。作为管理者，如果这些听起来有些理想主义、半精神层面甚至貌似愚蠢的想法对你来说有点意义，那么你就找到了一本对的书。

来自锅炉房的观点

对于为了谋生而工作又恰好处在企业中层管理位置上的人们，我想提供一种既属于特定的思维方式，又可以支撑某种命运掌控感的实用方法。

个人在组织中工作会遇到某些可预见的困境，其中最大的挣扎莫过于应当服务于个人的雄心壮志，还是追求那些对个人有意义、体现诚信和乐观的工作。我们有时很容易陷入一种悲观的情绪，认为组织永远不会成为我们希望的那样。通常，推动业务发展的总是别人，而不是我们自己，事实上，我们的职场命运掌握在别人的手中。那么，如何改变涉及成千上万的人的组织文化呢？尤其是当远远旁观，其中大多数人对现状似乎还很满意时？

本书承诺开出一剂良药，专门治疗对预言和控制产生的不安症及其造成的孤立感。我们应当相信，自己的内心拥有可以创建自主选择的组织的能力。秉承这样的信念，既让我们自己受益，也让组织受益。我可以创造一个人人依赖的工作场所，即使是在一群机器人中间、在不毛之或是在险恶的商场上，我都能创造出一个值得依赖的工作场所，这种信念就是创业精神，它是积极参与组织发展的关键，是遏制、避免操纵控制文化的一种力量。

任何人，只要你相信大多数组织仍拥有多种可能性，本书就是为你而写的。我们相信，不论管理方式如何，组织的存在本身还是成功的。我们相信，如果想要在工作场所度过一生中最美好的时光，我们就不能把工作仅仅当作打工。不论职位如何，我们的工作都应当由自己做主，不断地挑战极限。我们渴望改变，为似乎无解的问题寻求更好的解决方法，希望创造带有个人和集体烙印的事物，这些愿望全部源于不满、躁动和痛苦的感受，本书旨在缓解因不安和期待交织而生的那些心头之痒。

对不起，你打错了

然而，你可能会抱有完全不同的看法，可能笃信所在组织完美地体现了个人信仰；可能觉得组织运行良好，足以实现其目标，接下来需要做的就是按章办事；可能主张更明确的目标、更清晰的结构，想成为更愿意做出牺牲、回归过去那套价值观的员工；可能希望更尊重权威，更愿意延迟满足感，认为工作就是工作，并非要成为个人生活梦想和价值观的载体；可能觉得个人生活领域和社区才是表达自我与个性的场所。你也会辩解，当今的时代，组织中的许多工作本质上是重复的，在工作意义或满足人的成就感方面没有任何作用。如果你认同上述说法，如果你对所在组织的运作方式本来就很满意，认为未来最大的希望就是“改进版的现在”，那么本书可能不适合你。

敬请期待

我想给出的是一个关于哲理和实用方法的综合体。如果你已经读到这里，那么你已经读到了本书后面蕴含的大部分哲理。针对你想在组织中实现掌控自己命运的基本目标，本书提供的一些更实用的方法也许会对你有所帮助，具体方法如下。

- 洞悉急功近利、谨小慎微、安稳顺从给我们带来的压力（第 1 章和第 2 章）。
- 与下属、同事和管理者订立契约，鼓励担当、互依、自我表达和承诺（第 3 章）。
- 为所在组织创造未来的愿景，体现我们关于个人与组织最深刻的信仰（第 4 章）。
- 制定与“敌对者”“骑墙派”“竞争对手”“盟友”打交道的完整策略（第 5 章）。
- 摒弃我们内心总希望有所依赖和被人照顾的愿望，代之以尊重互依的方式（第 6 章）。
- 找到为自己和组织挺身而出的勇气（第 7 章）。
- 制定我们可以掌控的变革策略（第 8 章）。

贯穿全书的还有另外两大主题，具体如下。

- 兼顾自主与互依的方法。无论别人抱着怎样的期望，我们不仅要主张自主权，还要保持与同侪之间的相互依存关系，哪怕他们看起来对这些并不太感兴趣。
- 制定具体的方法。找到组织会议、重组部门、进行管理沟通、实现理想组织运营的具体方法。

赋能授权既不是一组技术，也不是一种工具，而是一种选择。如果你从根本上确信，组织机构的顶层在领导力、战略方向和管控等方面已经做到尽善尽美，那么你可以对赋能授权说“不”，尽你所能地成为最好的“家长”吧，不要让人对伙伴式关系产生任何的期望，因为你终将无法实现。你是否选择沿着自我管理的道路前进？这是你信赖的经营策略吗？如果是这样，那么随着时间的流逝，你会不断地寻找更多的方法，将责任和控制权转移给从事组织核心工作的人员。

下一步会怎么样

当你开始将赋能授权的想法带入工作，给员工更多的自由时，便可以期待一些比较复杂的反应了。在我们每个人的身上，都存在不想要更多自主、更多选择或更多责任的一面，我们希望被照顾，喜欢家长制契约，希望我们的上司成为“好家长”。我们谁也不会轻易放弃安全感，而选择成为企业的主人翁、代理人和合伙人意味着放弃安稳，主张自己负责意味着牺牲安全感，这正是我们追求的组织变革。这一切道阻且长，不仅来之不易，还会引发我们内心深切的矛盾情绪。

我们追求赋能授权和伙伴型关系的理念，是以此作为拯救和更新我们自身及组织经营的手段，而不是因为员工的诉求。我们希望随着时间的流逝，大多数人会选择自觉承担责任。一些组织在员工参与、自我管理、通过参与提升质量以及其他类似努力方面所取得的成功，充分地证实了这一点。

不过，要实现这样的理念，出发点就在于站出来领导。无论你处在什么样的位置上，都可以不受他人反应或短期结果的约束，积极参与组织的管理决策。

彼得·布洛克

俄亥俄州辛辛那提

前言

INTRODUCTION

缘何重提授权

本书的第 1 版写于 1987 年。

彼时正值美国工业危机时期。在 20 世纪 80 年代初期，福特汽车公司创造了美国公司史上最大额的亏损纪录，哈利 – 戴维森公司还有 3 个月就破产了，那个年代，日本人生产出了许多优质的产品，美国却没有。那是美国经济衰退、金融危机和失业率攀升的时期。

应对这些困难的措施主要集中在改善美国产品和服务的质量上，质量运动加速发展，组织开始指望其员工改善产品和服务。从传统意义上讲，质量控制部门是职能机构，负责检查生产线工人的产出，确保产品达到质量标准。

质量运动是由管理专家［如爱德华兹·戴明（Edwards Deming）、汤姆·彼得斯（Tom Peters）］、美国质量参与协会等发起的一个思维上的转变，它将质量交还到工人的手中，催生了诸如质量小组、员工参与式管理、团队建设和社会技术系统。这些方法有一个共同点——相信一线员工在上司的支持下有能力将组织导入正途。将一线员工纳入质量管理的想法是经济复苏的核心，而且非常有效。美国公司由此走出低谷，其中的标杆企业，如福特汽车公司业绩开始复苏，哈利戴维森公司又重新获利，成为全世界拥有最高客户忠诚度的品牌之一，这在很大程度上基于“由员工创造的”产品质量的提升。

《赋能授权型经理》在此背景下写就，见证了管控权从高层管理人员到贴近工作的一线人员的转变，为在工业时代崛起并占据主导地位的家长制管理理念提供了替代选择。在本书之前，工作场所很少使用“赋能”这个词，本书出版之后，因其捕捉到在那些最先进的组织中已然发生的变革，于是“赋能”的理念变得流行起来。

“赋能”的理念从20世纪80年代中期到90年代初期颇为流行，在社会上广为流传，并被广泛采用。很多商业企业、政府机构、学校、医院以及其他组织都将赋能列为其核心价值观之一。无论它们是否相信，赋能已成为一种潮流。

那个时代已经过去。随着组织开始相信其产品质量及服务具有竞争力，加之美国经济再度企稳，组织的管理者将注意力从最大化地利用人的力量转向占领市场并降低劳动力成本。组织的高层管理者，过去一向从市场营销和制造部门选拔，后来变成从财务部门选拔。

那么，缘何在近30年后重提赋能呢？

现在的世界已大不相同。

市场走向全球化，技术改变了办公方式，我们可以选择远程办公或在家办公。许多曾经嵌入组织机构的管理功能已经被外包。我们生活在“混乱的浪漫”之中，某些行业被手机里的各项应用所颠覆。

这场市场和商业革命，决定了我们如何管理组织以成功地适应所有这些变化。降低生产成本与人力成本、合并职能机构、商品化员工关系的压力越来越大。实际上，员工不再被称为“雇员”，而被称为“人才”，人力资源管理也变成了人才管理。

当一切都发生改变，例如当企业文化越来越迷恋方便快捷、人工智能、机器人、一切在线、无摩擦（无人）交易时，企业将员工置于何种地位？他们还真的被需要吗？

员工仍然被需要，如何领导和管理他们也仍然重要。迈克尔·李维（Michael Levi）经营着一家叫作“移动市民”（CitizenM）的现代连锁酒店，他们对于技术时代人们的工作场所拥有有趣的想法。酒店里尽可能多地采用现代技术，包括用自助机办理入住手续，房间内配备 iPad，宾客可以一键控制环境，从窗帘、声音、电视、照明到沟通，甚至包括他们想要什么样的墙壁装饰艺术。酒店还有大量的电子监控设备，因此管理层可以跟踪酒店的运营情况，包括房间的清洁程度、清洁时间、清洁时长、照明、食物储备、劳动排班、客户对电视频道和环境温度的偏好等。除了客户在房间里做什么，每一件事情都可以由现代技术实现管理。

李维说，他们所有的技术都致力于解放酒店的员工，让他们不必承担物业管理的重复性工作，从而可以专注于让酒店客人的积极体验最大化。他们的理念是，如果酒店创建一个令员工满意的工作环境，员工最终会带给供应商类似的影响。换言之，如果员工的体验是令人满意的，客户满意将随之而来。因此，他的目标是使工作变得活泼有趣。每天早上，工作人员开会决定当天谁做什么。每位员工（他们被称为“大使”）都接受了所有职能的培训，从前台接待、客房管理、餐饮服务、调酒到团体销售和预订，除了一位专业维修人员固定留守，其余的“大使”获得了我们过去所谓的“工作丰富性”——现在可称之为“赋能授权”。这种方式非常有效，酒店的离职率仅为行业平均水平的 1/3，且工作机会供不应求。

这个案例的意义在于，无论技术如何使员工变得不那么重要，总还有机会并且有需要去创造一种文化，这种文化能对绩效产生积极的影响，并为包括高管在内的每个人带来回报。

对于为什么赋能授权、为什么现在提到赋能授权的问题，我的答案是，尽管表面存在种种干扰，包括激进创新、现代构造的变迁、市场的扩张与收缩、文化的动荡，以及我们可以负担的所有科学手段都决意要弱化人类的作用，但是企业始终还是需要将人的力量组织起来，始终需要照顾到人类。

作为管理者，关于是什么造就了高效且以人为本的组织系统，我们都拥有一套假设和信念，这些假设围绕在组织工作环境中给予人们多少选择权和控制权，所有这些对工作场所的性质起到了决定性的作用。引人注目的是，在对工作场所的风貌进行了长达40年的观察之后，我们发现，关于将人的力量组织起来的信念，显然变化不大。

大多数组织似乎仍然把人当作商品，当作另一种形式的资产在运营。当代组织仍然相信：愿景应来自高级管理层，人才必须被精心管理，付薪系统会驱动绩效，考核什么就得到什么，而且未来需要一个蓝图（尽管敏捷开发很流行并试图改变这种想法）。

这种思维方式是家长制思维的基石，本书对此有详细的介绍。家长制认为，最高管理者是成功的决定因素——他们越英勇越好。当你读到那些令人惊奇的公司、取得惊人成就的公司、充满魅力的公司时，如美捷步、谷歌、汤姆的鞋、苹果和Facebook，你读到的全是关于创始人的故事。而另一种选择，就是伙伴关系或创业精神，这就是本书的重点。伙伴关系就是将选择权与控制权放在贴近工作的一线，贴近客户、贴近学生、贴近患者，放到一线员工的手中。这与管理风格、自助餐厅的美食、带着宠物上班，或者其他任何别开生面的工作场所文化无关，这些都是好事，每个工作场所都应当具有吸引力，热情舒适、好玩有趣。但是，风格的影响，可以掩盖当今美国工作场所的现实。

- 现在一个人要做以往两三个人的工作。这是合并、收缩、整合的必然影响。每一次收购都通过减少员工数量融资。财富归于投资者，脆弱归于员工，这被称为消除浪费并提高效率。我们不断地要求人们少花钱多办事。这一趋势是将尽可能多的工作外包出去，以降低福利成本并避免雇主需要面对的各种责任。

- 用于严密监视员工工作的技术手段的投入不断增加。现在，卡车司机开车几小时、休息了多长时间，以及他们的行车路线都被实时监控。在家办公的员工的计算机被远程监控。如果你是办公室工作人员，有关你如何使用时间，以及在计算机上浏览哪些内容的数据正在被收集。
- 除了低薪工作，每周 40 小时的工作已经消失。智能手机堪称现代人的桎梏。一些职业的薪酬中包括随时待命的职责，像医生一样，他们被要求及时回复短信或电子邮件。即便这不是正式的政策，但也是每位员工的心头之患。
- 组织塔尖的人们更富有声望。无论我们如何抱怨商业领袖的财富，他们仍是我们崇拜的文化偶像。在美国，在商业领域赚得盆满钵满是竞选公职的一个关键条件，这一点例证了人们对高管的持久崇拜。
- 最后，也最能说明问题的是，人们似乎像 30 多年前一样担心工作的稳定性以及上司对他们的印象，尽管如此，倘若管理者领导与管理的思维方式已经与当今世界发生的重大变化与时俱进，人们应当有机会感到更加安全和彼此连接。

所有这些现实状况都要求思维方式的转变。在观念上转变，并承诺与各级员工建立伙伴关系和使命感。当我们相信对工作拥有更多的控制权、参与定义愿景和使命、在运营时更好地与同侪及其他部门建立联系时，我们的组织就会表现得更好，这就是为什么赋能授权可以继续作为一项坚实的策略，也是我们面对周围所有不确定性和波动性的经久挑战。

因此，请阅读本书这一次更新改进后的版本。最后一点建议：如果你当下想看到一个赋能授权确实有效的地方，就去密歇根州安娜堡的金爵曼公司看看，去它创建的真正独特的企业用餐和购物。

序章
夹心经理人

本书主要讲的是赋能授权，赋能授权是指给予人们尽可能多的控制权，从而让他们完成自己的工作。有一股力量将我们推向赋能授权型组织，授权于中层和基层人员，这是因为几十年来大多数大公司迫于技术、自动化和成本的压力，一直在尽可能快地精简员工数量，它们为了变得更有效率，常常会砍掉整个管理层；此外，外包和虚拟工作也在不断增加，人们可以实现在家办公、远程办公、跨时区办公。我们认为，这将有助于进一步分散组织的权力，推动责任下移，并导致大多数组织赖以运转的官僚体系和家长制思维遭到直接的打击。

组织减少官僚作风和建立问责制，需要的不仅仅是减少工作岗位和变得更为精简和灵活。它需要组织内的所有人转变思维方式。这种态度的转变是让人觉得自己有权做出选择，为企业和自己服务。从最深的层次来讲，高绩效系统的“敌人”是企业中层管理者在组织中似乎都经历过的那种无助感，他们的下面是一线经理和员工的立场与需求，而上面总有人不费吹灰之力就能让他们的努力白费，他们被夹在中间，进退两难。

为了让你迅速弄懂本书着力解决的两难问题，我们引入艾伦的故事。艾伦是一位高级管理人员，对我而言，他既象征着组织可以承载的最深层次的希望，也象征着我们每个人都会遭遇的最残酷的现实。当我第一次见到艾伦时，他是一家大型医疗保健公司的集团产品经理，35 岁左右，负责一条保健产品线的营销工作。艾伦在业务方面是行家里手，他对待市场与周围的人的方式都很咄咄逼人。他不断地推动公司在经营方式上的转变，并且他负责的产品线总能实现财务目标。但是，缺乏耐心、坚持任务导向，有时甚至是评判性的运营风格使他陷入麻烦。他被告知需要加强团队精神、改变现状切勿用力过猛，如果他能在这些方面有所改善，就会在这家公司发展得很好。

类似的警告仅仅是个开始，后来他由于得罪人失去了升职的机会。与此同时，他提出的一个新产品上市的建议也被束之高阁。面对这两个挫折，艾伦爆发了。他着手寻找新的发展机会，一个能重视他的创业精神并且能开创真正成功的新事业的机会。他发现一家正在寻求开展新业务的制药公司，负责人让他研究这项新业务的可行性。如果公司决定开展新业务，他将负责新业务的运营。就这样，艾伦带着一丝苦涩离开了官僚主义成风的医疗保健公司，接受了新工作。

制药公司决定启动新业务，并且任命艾伦为新部门的主管。艾伦决心在这家保守的新公司里组建一个富有创业精神的部门，聘请那些愿意承担创业风险的人，并创造一种企业文化——这种企业文化重视主动性、绝对诚实和追求成就的品质。虽然每个组织都宣称自己重视这些品质，但艾伦想要的是，将这些创业理念贯穿于日常的工作之中。

在接下来的 4 年中，艾伦先是成为我的客户，后来成为我的朋友。作为一位“社会建构师”，我和他一起设计了尽可能多的方法，目的是构建一个这样的组织：在这里，人们感受到被充分授权并对业务的成功承担责任，奖励制度让人们的工资与部门利润紧密挂钩，决策权被下放到一线员工手中，他们对设备、结构、工作程序、性能标准和评估都能自主决定。公司在涉及办公室大小、装修样式、停车位、休假时间、就餐区等福利待遇方面人人平等。这里的每一项举措和政策都旨在取代人们司空见惯的那种小心翼翼、紧张兮兮、关系微妙的工作环境。

尽管实施的过程经历了一些波折，但是这样的策略还是起到了根本性的作用。他的部门在两年后开始盈利，销售额在第三年超过了 4 000 万美元。无须赘述，对我来说，艾伦是一位理想的客户，也是本书表达的许多想法的实践楷模。与艾伦合作的经历令我深信，尽管我们身处一家管理理念较为传统保守的企业，但我们还是可以建立一个体现自己选择的部门。在整个过程中，艾伦被迫不断地辩护和解释自己管理部门的方式。这个部门越成功，就越受到关注，他的做法给其他高管带来的不适感也就越强烈。但最主要的是，他成功地创建了一个富有创业精神的部门，尽管后来部门人员的数量激增，但这种精神得以传承。

我多么希望故事在这里圆满结束，可事实并非如此。当我在完成本书的早期版本时，即关于人们承担责任、积极参与决策、不为周遭的负面情绪所困的部分时，我接到了艾伦的电话。他刚刚与他的上司，即母公司的执行副总裁开完会，对方要求他辞职。会上他被告知，公司的高层管理者对他越来越不满意，他们之间的管理理念不同，高层管理者已经决定让艾伦的下属取代他。在之前的 6 个月里，艾伦管理的部门受到越来越严格的审查，艾伦明显做出了“咄咄逼人、有些愤怒和非常傲慢”的反应，此时所有用来形容冒险者、个人主义者的说法都被用在了他的身上。而艾伦本人对这次退出颇为释然，他已经厌倦了被迫为自己的行为辩护的做法。事实上，他更乐于创业，而不是守业。

然而，我对他的出局感到相当的失望。他怎么能这样对我呢？我正在写一本书，把他当作正面典型之一，他却把自己“炒鱿鱼”了，至少他可以撑到本书的早期版本出版之后啊！但是，当时我并没有在电话中对艾伦提及这些自私的担忧，而是对他表示了支持与祝福，因为我知道他会站起来的。两个月后，他与风险资本机构谈妥，创办了一家医疗保健公司，该公司完全由他掌管业务，除了盈利，他别无他责。几番努力后，该公司成功上市，艾伦做得很出色。

艾伦的问题解决了，但本书重点关注的两难问题还没有得到解决。艾伦在制药公司面临的局面与那些在大型组织中管理一个团队面临的困境如出一辙。我们每个人身上都有一点艾伦的影子。一方面，我们对管理自己的团队抱有强烈的信念；另一方面，总有上级管理者和身边的人，希望我们能更遵循传统、谨慎行事，建议我们保持耐心，敏锐地察觉领导者的想法，提醒我们改变就在身边，只能采取合作的姿态。艾伦这段故事的意义在于，它道出了每个人心中的希望和恐惧，我们希望可以成为全然的自己，按照自己的信念和愿望行事，并且仍然受到重视。我们希望改善我们的组织，使其成为人们承担责任、适度冒险的工作场所，成为重视成果甚于取悦他人、重视实质甚于拘泥形式的工作场所。与此同时，我们也害怕这些难以实现。我们唯恐艾伦的结局会成为我们的下场，区别在于，我们不会像艾伦那样站起来，特别是当我们看到美国的中产阶级数量与职业上升空间都在不断萎缩的时候，我们会跌倒并待在那里。在组织中的原始恐惧就是，如果我们站起来，就会被“干掉”，而本书讲的就是如何站起来而不被“干掉”。

本书的目标是以现实而有益的方式展现如何转变组织并应对风险。在组织中进行变革并得到他人的支持就是授权的全部意义。我们要摒弃傲慢和攻击，向艾伦学习勇气、愿景和冒险精神，我们可以迈出的第一步，就是开启一场关于组织的政治本质的对话。

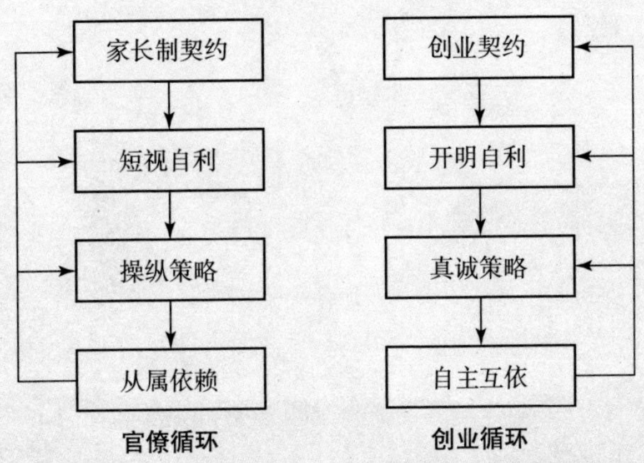

官僚循环与创业循环

|第一部分|

突破家长制思维：重新点燃创业精神

1

在工作生活中，没有什么比组织权力的代名词——“政治”更具吸引力和不稳定性了。在大多数地方，人们不习惯公开讨论政治。我们深知政治早已融入我们的工作，但要获得与其有关的可靠信息几乎是不可能的。事实上，公司政治的第一条规则就是没有人会告诉你规则。在组织中，政治每每被提及时，往往隐含着负面的意味，如果我告诉你，你是一个热衷于公司政治的人，你会把这当作一种侮辱，或者最多会感到喜忧参半。

众所周知，工作场所中的家长制思维导致组织政治得以滋生。家长制经营方式的本质是对安全性、可预测性和控制力的选择。我们在寻求积极的作为时，不得不面对组织中那些支持家长制并使“内部创业家”成为稀有物种的力量。

对于组织滋生出的家长制思维，本书犹如一剂解毒良药。无论组织规模或工作级别如何，家长制作为一种思维状态普遍存在，其核心是深信这个世界从根本上讲是混乱无序的，人们难免以自我为中心，因此必须运用强硬的领导力予以遏制和指导。家长制思维还认为，只要路面上发生碰撞事故，那么其他人就是造成问题的人，这种想法令人难以捉摸，我们总认为家长制说的是别人，而非我们自己，因此，改善组织的努力涉及的往往是那些此时此刻不在这个“房间”里的人。

“不是我的错”——这个态度从本质上讲是“去权”，取而代之的是创业精神。大多数组织是由那些敢于孤注一掷的人开创的，但组织的成长和成功也为其毁灭创造了条件。对诸如做大做强、组织架构、规模经济、各种协调和炒掉创始人的需求都违背了冒险与担当精神，这些精神在最初曾为组织注入了无限活力。

再度唤醒那些创造了意义的初心和精神，意味着我们必须面对自己所在组织的问题或是独立性的问题。在从属依赖的文化中，追求独立自主是一种创业行为。事实上，本书就是为那些自认为处在组织中层、希望创造自主选择的文化和工作场所的人们而写的。

本书第一部分概述了家长制思维如何驱动大多数组织，介绍了创造支持赋能授权文化的方法，描述了更具创业精神、更积极的道路。第二部分讨论了我们作为个体可以有哪些作为以减少徒劳感，并使企业文化成为我们最深层次价值观的表达。

第 1 章
塑造工作环境的个人选择

突破组织的常态犹如在“主张自己的立场”与“不因此树敌”之间“走钢丝”。选择走哪条路往往被以下两股交织的力量左右：①在创造共同的环境时，我们每个人做出的选择；②规范的本质以及所在组织的文化。

作为经理人，除了交付组织的经营成果，我们的根本使命就是打造一个令人自豪的部门和组织。工作单位恰似一座“活”的纪念碑，诉说着我们对于工作富有无限可能的深刻信仰。我们努力建设一个既能创造卓越绩效又能善待员工和客户的组织，每当我们在如何让整个组织更好地运转方面率先垂范时，那就是一种积极的作为。

组织的常态是资源有限、预算有限、人手有限、能够有所作为的事有限，我们需要至少拿到属于我们的那份资源。因此，突破的核心就在于我们获取这些资源所用的方法。

最容易走的路

如果急功近利地得到了想要的东西，但放弃了权宜之计和安全的做法，那么我们就会陷入一种左右为难的境地。虽然我们实现了短期的目标，但对创造我们内心想要的美好世界来说，这样做不足效仿。

在我与一家大型化工公司的总裁菲尔（Phil）进行午餐会时，这种让人进退两难的纠结在我的眼前真实上演。席间，我们长谈了关于组织的伟大愿景、他希望在组织中体现的人的价值，以及这些价值尚未成为他们公司主流文化的现实情况。他坦言与公司董事长小心共事的种种难处，还提到希望有一天自己能成为董事长，但他怀疑这能否成真。听他谈及这些非常私人的事情时，我很好奇，他为什么向我这样一个相对陌生、对他的圈子来说无足轻重的人袒露心声呢？他的公司实现了创纪录的利润，他身居总裁高位，还有什么有求于人的事情呢？他给我的回答是，这几年他的两个孩子都从大学毕业了，开始在这个行业中物色工作机会，他这才意识到一个问题：自己所在的公司并没有那种能让自己的孩子安心工作的好环境。没错，公司的确极具竞争力，但人的重要性大概只排在第六位，他真心希望自己的孩子能够找到一种具有不同企业文化的公司，在那里开启他们的职业生涯，这就是来自一位业内高层人士的最真实的心声。

无论以何种标准来看，菲尔都是职场老手，他已然位于一家美国大公司的权力顶峰。然而，这远远不够，菲尔个人如何取得成功，以及他帮助建立起来一个怎样的组织，此中不同的选择会产生截然不同的影响。尽管对于参与职场政治游戏本身有所疑虑，但他是这个游戏很好的玩家。菲尔遇到的问题不是个案，在某种程度上，他对未来的深谋远虑，道出了我们每个人的隐忧。在职场政治游戏中，获胜的一方总是能做到以下几点。

- 操纵局面，并且时而操纵他人；
- 掌控信息，为了自身的利益处心积虑；
- 在自己的事情需要支持时打着高层的旗号；
- 在处理关系时精于算计；

- 高度关注上司的想法；
- 不轻易“说出真相”。

这一套尽管在传统的美国组织中很有用，但问题是，在“操纵型政治”方面做得再好也不是令人满意的解决方案，我们为什么要在一个“坏的游戏”中“做得更好”呢？我们的目的是创造一个“好的游戏”，包括为所在的组织承担责任，从“最好的意义上”参与职场政治，这意味着以服务、贡献和创造发挥职场政治的作用。

明察秋毫与掩耳盗铃

在美国，造成我们对政治游戏如此司空见惯的原因之一是，我们很难看清楚自己有哪些选择。组织中的政治具有一种特性，这种特性使事情变得难以捉摸，那就是“自欺欺人”：我们很容易看到别人耍政治手腕，但不能自察。当别人回避敏感问题、讨好权贵，为了自己的利益而掩盖真相时，我们一眼就能看穿。但是，当我们自己做这些事情时就另当别论了。从我们的角度来看，这只不过是适应一些现实状况、采取必要的行动获得对自己项目的支持。我们从来没听谁说过“是的，我确实干过操纵、欺骗、与人较量的事，这是为实现目标而计划好的一种策略，我认为这是最高效的做法”。恰恰相反，我们解释说“就这一次、这是由别人造成的、我们做的这点事真的算不上操纵”，通过这样的自圆其说，我们把自己的行为变得合理化。

这种自欺欺人特性的另一个表现是，在组织中，我们能清楚地看到上司耍的政治手腕，但被自己下属搞的政治游戏蒙在鼓里。我们告诉自己：“下属都在努力工作，他们偶尔搞点微妙的‘小动作’，偶尔跟我讲讲同事的坏话，但对我大力创建的伟大组织来说，这些区区小事不值得一提。”

然而，当我们谈论上司时，却完全是另一番景象，每个人都能如数家珍地说出“受害的剧情”以及组织高层存在的种种不合理现象。

我们对别人“玩政治”是如此敏感，尤其是对组织中比我们位高权重的人，这在某种程度上暴露了我们的依赖性，我们害怕那些必须依赖的人。如果你说了算，我就会小心伺候、观察你的反应，尽可能地了解你的行事风格，你喜欢什么、不喜欢什么，如何在你的面前一直保持最佳状态；而在自己的部门里，我唱的则是另一个调调，向下看是一帮需要依赖我的人，他们处心积虑地取悦于我，因此无须多虑，他们之间那些微妙的过招也无须特别关注。

选择一条具有创业精神的职业发展之路

在美国企业中，这种看待政治动态与周遭可能性的不平衡心态，源于员工位居人下的体验。既然总有高层管理者在那里拍板，我们只需要对人和事被动反应就好了，这种体验导致我们不愿意对自己的行为和组织承担全部责任。面对组织中总有人比我们位高权重的现实，能够意识到“我们仍然可以有所选择”这一点至关重要。在任何时刻，做出怎样的选择，都将把我们导向这样两个不同的方向：创业思维或家长制思维。本书的观点是，创业思维引导我们以积极的方式参与职场政治；家长制思维将导致我们产生众所周知的、消极的职场政治行为，它否定了我们相互依存的关系。我们需要做出的根本选择如下。

- 维持现状还是探索可能；
- 谨小慎微还是勇敢而为；
- 从属依赖还是自主互依。

这些就是我们“走钢丝”时需要平衡的选择。

维持现状与探索可能

我们选择维持现状就是试图抓住已经创造或继承的东西，我们的愿望是不要失利。传统文化不断地推动着我们走向维持现状的心态。选择维持现状是因为我们一心想着安全第一。在组织中不断晋升的欲望伴随着对登高跌重的恐惧。我们相信，在不出错的情况下，我们可以在组织中稳步向前。人们普遍认为，对于犯下错误的惩罚要比做出成绩的奖励力度大得多，似乎我们在组织中的地位越高，这种感觉就越占主导地位。我们可能会产生这样一种错觉：当我们沿着职业阶梯向上晋升时，信心会增加，风险也会随之增加。但事实往往与此相反。我们晋升得越高，对安全的渴望就越强烈，越怕登高跌重，对维持现状的渴望也就越强烈。当你向高层管理者寻求支持时，高层管理者其实是最不可能给予你支持的人。

选择维持现状就是选择被领导。笃信政策和程序一向是我们安全感的源泉。抓住已有的东西让我们远离了未知的危险，并且在组织中循规蹈矩地保全自己。当你问其他人感觉怎么样时，你得到的回答一般是“不错”，似乎“不错”已经是最佳状态，已经是好得不能再好的状态。至于“不错”的事情有可能变成“好的、极好的，或振奋人心的”吗？这种可能性微乎其微。

取代维持现状的是，选择某种形式的可能性，用一个略有些吓人的词来说，那就是选择“伟大”的可能性。“伟大”是一个不太容易被接受的词，暗示了某种程度的伟岸与不朽，许多人都认为它与工作场合风马牛不相及。当管理者被问到希望他们的组织拥有什么样的“伟大”时，常见的反应是“哦，饶了我吧，我不过是打份工而已”。我们倾向于相信“伟大”这个词是留给在这个世界上真正有影响力的人物的，人们会说：“难道不能用‘改善’代替‘伟大’这个词吗？”

我们不愿意选择“伟大”，这是对职场持谨慎和悲观态度的另一种表现。尽管如此，许多经理人实际上还是选择了“伟大”，并且身体力行使之成为现实，他们致力于创造一个与自己曾经就职的公司不一样的组织。本书序章中提到的艾伦，他一心想建立的就是有别于曾经供职15年的消费品公司的一个新型组织。在那里，人们享有同等面积和同样装饰风格的办公室，一同被邀请参加管理委员会会议，一同被支持参与决策，同工同酬。他采用多种方式表达他的组织是独一无二的，在为超越员工以往的工作体验而努力。艾伦最终碰壁的事实并没有削弱他选择“伟大”的意义。

彼得斯（Peters）和沃特曼（Waterman）合著的《追求卓越》（*In Search of Excellence*）[①]一书是开启我们管理思想的转折点。在许多方面，它传达了一个愿望——“伟大”可以替代传统的组织生活。选择“伟大”就意味着以独特的方式实现“伟大”的承诺，这是一个冒险的选择，因为即使我们选择了“伟大”，也许永远无法实现它。在大型官僚型企业中独辟蹊径，感觉是走上了一条危险之路。这还真不只是感觉，而是一种真实的危险，但这正是选择“伟大”的意义。走一条高风险、不确定的路，正是创业精神的本质。艾伦所做的，包括决定为各级专业人员提供相同的办公空间，向全体员工开放管理委员会会议，让支持部门自行制定所有设备采购决策，并建议员工薪酬与公司盈利能力紧密挂钩，这些都是激进冒险的行为。他花了自己一半的时间、精力与母公司谈判，但是许多次都以失败告终。

尽管艾伦强势、自大，但他最终选择了“伟大”，无论他的部门能否成功地在官僚型企业中构建出一种独特的创业精神都没有关系，因为最重要的是承诺本身。我们每个人都有机会在自己的新工作中承诺做到“伟大”。积极的创业精神

① T. J. Peters and R. H. Waterman，In Search of Excellence: Lessons from America's Best Run Companies（New York: Harper & Row，1982）.

和行动要求我们首先在维持现状与明知不可为而为之这两者之间做出选择。

谨小慎微与勇敢而为

在工作场所中，我们收到的大多数信息似乎都要求我们谨小慎微，高度制度化的努力给我们的感觉是我们一直被监视和评估。一年一度的绩效评估提醒着我们，有一名“法官”会随时登场，以确保我们遵循共同的原则。在职业生涯早期，我们都经历过绩效评估，当时主管告诉我们，为了个人的前程，我们需要变得更加成熟。在绩效评估中，收到的反馈传达了这样的潜台词：“作为公司的管理层，我们一致认为以下是你需要为自己的发展而努力改进的领域。”“作为公司的管理层”这些字眼勾勒出一幅极具压迫感的画面：在主管身后还有公司数百名其他经理在盯着我们，在关注我们要改进些什么，面对如此强有力的共识，谁又能不谨小慎微呢?

许多信号驱使我们必须谨慎行事。在许多公司中，向高层管理者进行汇报演示颇有如履薄冰的意味。在向高层管理者汇报项目之前，我们通常会小心排练，认真汇报经过严格审查的材料，准备演示文稿，总结要点，一切都是精心准备好的。演示文稿制作完成后，我们还会多次彩排，到实际汇报时已经索然无味。这样的审查和控制流程都在向我们暗示：必须小心行事。演示文稿是一年中能在高层管理者面前曝光的一两次难得的机会，我们不想出任何岔子。这不足为奇，那些公司高层人士也会经历同样小心翼翼的准备和排练过程。

无论是绩效评估、管理汇报演示还是高层人士一向按照发言稿讲话，处处都透露着小心为上的思想，而这些只是需要谨慎而为的几件事，这样做的真正作用是将任何对话和意外都排除在外。

替代谨小慎微的是选择勇敢而为。在美国的文化中，勇往直前创建一个梦想的组织需要一种勇气，这种勇气往往由一系列小步骤呈现，最常出现在两个人的私下对话中，只有这两个人才清楚地意识到自己所冒的风险。勇敢而为就是不走寻常路。当别人表现得好像什么问题都没有的时候，你要直面问题；当别人都很满意的时候，你要说会议进行得并不顺利。这不是一种虚张声势的勇气，也不是剧院里上演的勇气。在戏剧中，双方立场明确，而我们捍卫真理和正义。当真相、正义和道德受到威胁时，选择站出来更简单一些，因为我们知道真理和正义会站在我们这一边。但当各方含糊其词时，当事情本身不足以树碑立传时，当我们感觉高层管理者并不站在我们这一边时，我们就格外需要组织中的勇气。选择自我主张和勇于冒险是谨小慎微与维持现状的解药，其中最难的是能够分辨出勇气与鲁莽之间的区别，这就是本书的重点。

从属依赖与自主互依

我们需要做出的第三个也是最后一个选择是，在从属依赖与自主互依之间做抉择。我们一边被告知组织如何重视自主，一边又被像孩童一样对待；一边被教育与他人合作，一边却被作为个体进行评比、奖励，这些来自上层的双重信息可能是一份乔装的礼物，倘若得到了“站起来”（自主）与“弯下身来”（依赖）这样自相矛盾的信息，这倒是给了我们做出选择的自由。

自主是一种“我的行为我做主、我的组织我创造”的态度，它将我们置于核心并掌控局面的地位，我们是一切的“因”，而不是“果”。它也为集体授权奠定了基础，强调我们是相互依赖的，成果通常源于共同努力而非一己之功。在多层级的管理金字塔中，保持自主和互依的态度难乎其难，因为随着职位的升迁，人们所拥有的办公室面积会变大，手中的特权会变多，即便是开放式办公亦是如此。高层管理人员就在你的身边统观全局，不要以为这些地方没有特权，这只是尝试展现上下团结的一种手段，而那只控制的大手仍然存在。大多数组织管理方式的根本弱点在于家长制思维造成的普遍依赖思想，依赖意味着我们等着上级或下属给我们指出方向。

我们听到人们在不断地呼吁强大的领导力，每个人都在等待高管合力出手，都在责问："公司高层管理者什么时候才能为组织指明愿景和方向？"我们十分重视监管的重要性，并且深信主管能指挥大家怎么做，甚至暗自希望能为最新的"首席执行'神'"工作，因为我们太需要具有远见卓识的人物和无比强大的领导力了。我们义正词严地指出必须拥有一个强大的企业文化，希望管理大师与我们的企业管理者坐在一起，找到支持"走动式管理"和"要求贴近客户需求"的依据。一旦事情出错，我们会归咎于"企业文化"。所有这些寄希望于高层管理者的想法都暴露了我们的依赖性，这意味着直到上一层级有所改变之前，不要指望我们有改变。所有这些向上看、迷信当权者的行为都表明了我们的依赖。

被领导是一件令人欣慰的事，因为这会带来安全感，并且暗示了只要我们追随领导者，自己的未来就会得到保证。随着组织变得越来越大，对协调和控制以及一致性的需求也在增加，而依赖的心态也在进一步扩散。我们为依赖付出的代价是自身的无助感，我们从依赖中想得到的是安全的保证。这种无助感和有令才行的态度与创业精神背道而驰，我们每个人都必须给出自己的答案：这到底是谁的组织？

在过去的 30 年里，任何对未来打保票的事情都已不复存在。一个令人痛苦的事实是，追求安全和谨慎的想法可能是一种危险的方式，因为明明知道这样下去没有任何选择，所以依赖不再是一条更安全的路径。当我们选择自主或作为自己的代理人时，我们就会意识到其实没有什么可期待的，我们不需要为了创建自己想要的单位或部门而求助于上层。

企业家的心态意味着一种承诺，即我必须以有意义的方式管理部门，并且肩负起组织的重任，它是沉重的，也是自由的。我现在可以遵循个人的价值观管理一个部门，继续为我的用户和客户提供服务。如果上层管理者不喜欢我在做的事情，他们完全可以阻止我。与其原地待命，不如勇往直前；与其请求允许，不如请求宽恕；与其被看作无能，不如被看作顽固，这是我们每个人必须做出的高风险、高诚信的选择。当我们选择那条难走的路，决意将部门的未来掌握在自己和伙伴的手中时，整个组织将因此受益。

何当明哲保身

尽管我们内心希望一直选择伟大、勇气和自主互依，但有时我们会觉得这根本不可能，也不现实。我们“走钢丝”时都会小心平衡，就是因为知道什么时候可以冒险，什么时候应当蛰伏。尤其是作为中层管理人员，在组织中被夹在中间，我们的难处在于手中的权限通常是模棱两可的。相对而言，组织中的一线员工拥有的直接权力是明确的，高层人员的权力也很清晰，至少从理论上讲，这种权力是绝对的。诚然，一线员工拥有的权力比他们实际意识到的要多，而高层人员拥有的权力比他们实际意识到的要少，但这两个层级拥有的基本权力是比较清晰的，而中层主管或经理所在的地方就像是虚无之地。

在以下情况中，选择维持现状、谨慎依赖是切合实际的，并且符合我们的最佳利益。

- 面对新情况和未知领域时。当我们刚刚从事某项工作或者工作本身正朝着我们知之甚少的方向改变时，我们有必要暂时保持低调（最多6个月）。面对新职位或新上司，我们需要花一段时间才能建立起足够的信任关系，以抵御希望采取的变革和冒险所带来的压力，同时还需要一段时间才能知道需要将创业精力聚焦在哪里。
- 生死存亡时刻。当我们的业务陷入困境，担心能否熬过这个季度或这一年时，所有的保守意识都会被触发，所有的直觉都告诉我们“多一事不如少一事”。遗憾的是，我们可能正处于生存模式中，只是因为我们对过去太过谨慎，所以如果我们继续按部就班，就只会让事情变得更糟糕。与失败的组织打交道的悲哀之处在于，在焦虑的斗争中，人们最不可能接受直面问题的起因或承担扭转局面所需的风险。

- 冒险和扩张期之后。我们需要在勇敢而为与休养生息之间把握好节奏。在大刀阔斧的冒险期之后，我们需要跟进一个谨慎和依赖期（不宜太长）。
- 在零信任环境下。积极的政治行为要求我们对环境和同事拥有一定程度的信任。最坏的情形发生在当我们认为上司就是“敌对者”时，那么选择维持现状、谨言慎行、让上司感觉一切尽在掌握中，就是我们孤立无援时的生存策略。如果这种状况持续下去，我们必须问自己为什么会陷入这种状况——光是“还房贷”这个理由还不够充分。

第 2 章
授权的文化

除了在特定时刻做出谨小慎微或勇敢而为的选择，我们还会受到组织的惯例规范以及我们为工作带来的信念和价值观的影响。在我们出发之前，我们需要先了解我们所走的桥的性质。在理解组织政治方面，我们需要先了解以下 4 个关键因素：①个人与组织之间的契约；②每个人如何定义自己的利益；③寻求支持时采取的策略；④每个循环培养的是自主、互依还是依赖。这些因素形成了一个自我增强的循环，结果要么是积极创新，要么是官僚主义的运营风格（见图 2-1）。

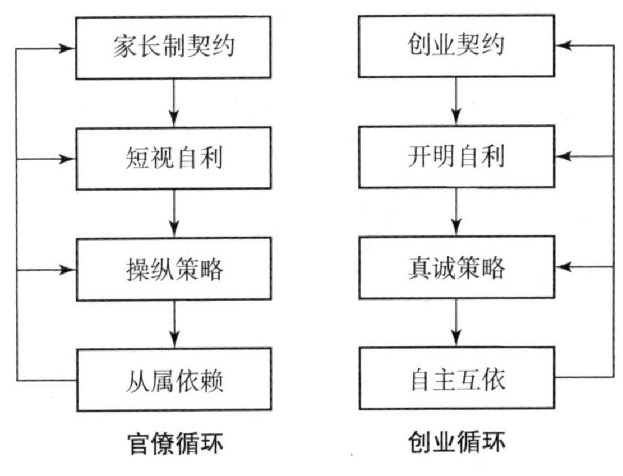

图 2-1　官僚循环与创业循环

最终，正是通过推动创业循环，积极政治的途径才得以实现。通过对官僚循环和创业循环的理解，我们可以审视自己作为经理如何积极地成为所负职能的倡导者。

官僚循环

在许多方面，组织在无意中鼓励着人们选择维持现状、谨慎行事和从属依赖。每一个组织最初都是由不顾一切创造新产品、新服务的创业者白手起家建立起来的，这个组织是医院、政府机构、教堂还是企业并不重要。你现在所在的组织都是从一种追求卓越、勇气和自主权的本能行为开始的。随着组织的发展，需要更多的结构和控制，角色和责任需要被更明确地定义，人们要求一致性和被平等对待。于是第二代或第三代的“专业管理”被引入，并播下了官僚机构的种子。最初创建组织的精神是如何被稀释的呢？由规模和成功引发的自我强化的循环鼓励了官僚主义和政治行为，要想开辟一条创业精神之路，我们就必须打破这种循环。官僚循环有以下 4 个部分，如图 2-2 所示。

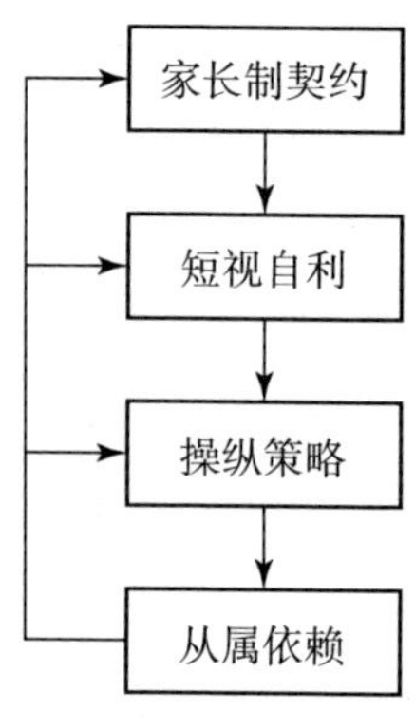

图 2–2　官僚循环

家长制契约

该循环始于组织与员工之间签订的基础契约，传统意义上的家长制契约强调的是自上而下和高度控制，这源于军队和教会历来在集中控制、角色清晰、权限层级等方面的成功经验，以及纪律和自我控制的需要。

短视自利

在大多数传统组织中，“成功”被定义为沿着职业阶梯晋升、获得越来越多的权力和责任，并在经济方面获得努力工作的回报。人们将自身利益定义为个人回报，而不是服务本身和对他人的贡献。由于家长制契约强调控制权和权威性，新员工很快就将注意力从做有意义的工作转移到如何出人头地上。诚然，我们每个人都带着向上发展的强烈本能进入一个组织，然而以权力为导向的组织价值体系极大地强化了这种抱负。等级分明、权力导向的文化孕育出等级分明、权力导向的人们。

操纵策略

专制的文化与个人的野心鼓励了那些具有策略性的、谨慎的、迂回的行为，即操纵行为。操纵就是在人们不知情的情况下控制他们。在大多数组织中，操纵都是被容忍的，甚至还被暗中赞赏。传统政治就是操纵的艺术，人们普遍认为，我们必须通过操纵才能成为高层，唯一否认这一点的是那些已经高高在上的人物，当他们矢口否认时，我们不知道他们是否据实相告，这种声称不是靠玩政治获得成功的说法本身，就是操纵。

从属依赖

官僚循环的前三部分，即家长制契约、短视自利和操纵策略相辅相成，滋养了从属依赖心态，其结果就是相信自己的命运掌握在别人手中。我们最初的从属意愿也有助于创造这个循环，在 12 年左右的学校和家庭生活中，我们基本上被当作孩童对待，并对此司空见惯。从本意上讲，我们也许并不希望从属依赖，但当眼前吊着诱人的“鱼饵”时，我们就愿者“上钩”了。

创业循环

替代官僚循环的是创业循环。积极的政治技巧包括为服务于愿景而采取自主和富有同情心的行动，这与创新精神非常一致。政治的本义是为社会服务，本来是一种高级形式的公共服务，然而最终在大多数美国企业中失去了它的尊严，被重新解释成“为自己服务”，政治变得自私自利，隐含着负面的意味。积极的政治行为是为了最好地服务于公司内部和外部的客户，并让创业行动成为解决谨小慎微、从属依赖、官僚主义等顽疾的解毒良药。积极的政治行为，就是要表现得好像我们所在的整个组织实际上是由我们创造的，即由我和身边的人们共同创造的。如果我以主人翁的身份出现，就将成为决定组织未来的重量级人物，这种心态是组织中创业行为的核心，它驱使我们的政治行为朝着服务和贡献的方向发展。我们的目标是让所有成员相信并以主人翁的姿态打造自己的组织，承担运营责任。当我们走向创业循环（见图 2-3）时，这种改变就开始了。

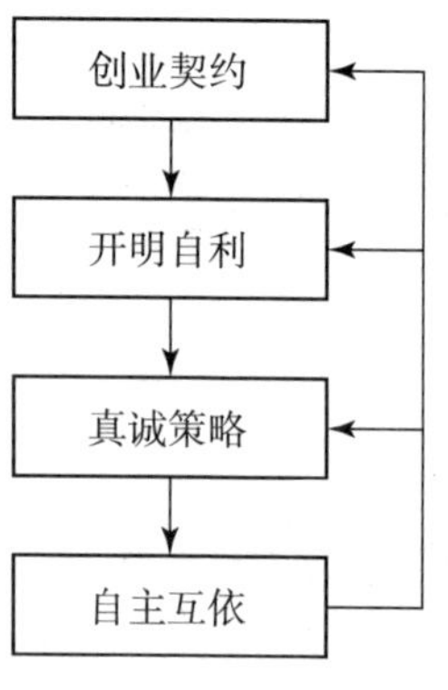

图 2–3　创业循环

创业契约

创业循环始于一种契约，该契约基于这样一种信念，即最值得信赖的权威源自人的内心，管理的首要任务是帮助人们相信自己的本能，并对企业的成功负责。人们需要认真地对组织做出承诺，但这样做是发乎于心的，而不是迫于强制的。在创业契约下，可期的结果就是每个级别的人员都会将企业视为自己的企业。

开明自利

我们不是将成功定义为在组织中晋升得有多快，而是将成功定义为对客户和其他部门的贡献与服务有多大。我们为人们提供的奖励就是有意义的工作、学习与创造不同凡响的机会，以及通过自己的努力在企业中成长的机会。晋升和薪酬固然重要，但它们被放在次要位置上。

真诚策略

创业契约鼓励我们以坦率而真实的风格进行管理。如果我们开始相信这就是我们自己的事业，我们将感到有权遵循自己的价值观行事。对大多数人来说，这意味着让人们知道他们的立场，尽可能多地分享信息，分享控制权并承担合理的风险。这是一种策略，它最小化了这样一种信念：我们必须通过精于算计和勤于控制获得晋升。关于真诚策略，好消息是，它的确有道理；坏消息是，我们的很多经验告诉我们，这需要勇气。

自主互依

创业契约与以服务为导向的自利都支持我们主张自主权。选择自主减少了我们对上司给予关注和权限的需要，降低了我们对“被干掉”的恐惧，并要求我们为自己的行为负责，使我们能够平等行事，与周围的人合作，并认识到做成任何事都需要他人的协作。我们每个人还会时不时地选择谨小慎微、维护现状和从属依赖，但组织的基本信念将会支持那些卓越、勇敢和相互依赖的行为。

家长制契约

官僚循环和创业循环都以一个基本契约开始。官僚循环始于家长制契约。当我们与组织签订契约时，我们同意以下4个核心要素将指导我们的行为。

（1）服从权威。

（2）拒绝自我表达。

（3）牺牲未来不可知的奖酬。

（4）相信前3个要素是公正的。

服从权威

当我们迈进公司的大门时，被告知的第一件事情就是向谁汇报。组织中的每个人都有一个上司。令我惊叹的是，当美国电话电报公司是一个拥有数十万名员工的组织时，组织中的每个人都有一个上司，并且知道那个人是谁。如此说来，肯定会有几百人专门确保每个人都有上司。如果成千上万的员工中有一个人没有上司，则整个系统就会遭到某种程度的破坏。

大多数组织的一个基本原则是，权力的界限必须明确和可理解，我们必须服从权威。这种权威关系必须不容置疑，如果一个人不服从权威，他就会被贴上“不忠”的标签。

测试或混淆权威关系会使我们在组织中的生存环境岌岌可危。每个组织都有所谓的“开放式沟通”政策，这意味着人们总能绕过上司与其他人交谈，但现实的情况是，门是敞开的，而没有人走进来。我们都心知肚明，只有在极端或偶然的情况下，我们与上司的权威关系才能有所变化。

在一些组织结构中，如矩阵式组织结构中，权力的界限并不清晰：一个人可以向两位上司汇报：一位上司可能负责一个职能，如工程或财务；另一位上司可能负责一个重大项目，他被称为项目经理。这种复杂的组织结构本身已经成为一个颇为专业的领域，它会给员工带来压力，他们经常抱怨“我不知道我的上司是谁”。如果一个人有两三位上司，那么他就需要更小心地处理工作情况以确保适当的控制。

在矩阵式组织结构中，我们经常听到项目经理纠结于手中没有直接的权限，但还要让不听命于他们的人支持他们的项目，这已经成为现代企业管理的常态，同时也成为一项挑战，因为明确的权力和只向一位上司汇报的关系已经不复存在。

契约中要求我们服从权威部分的关键要素在于“服从”二字。当我们要求人们服从权威时，我们的意思是，从本质上讲，最值得信赖的知识来源在自我之外。

我们自身之外的智慧需要被尊重，正是这种对外部权威的尊重使我们产生了非常强烈的依赖感和得到批准的愿望。外部权威的级别越高，我们就越希望得到权威的认可。作为一名员工，我们强调服从权威会有所回报。当出现问题时，这就是我们的最终借口；除了自己的主管，还有谁更适合“背黑锅”呢？我们投入大量的时间关注和谈论主管，非常希望有一位完美的主管，就像我们希望拥有完美的父母一样。最终，主管没有达到我们的期望，我们要感激主管、经理或高层管理人员的不完美，因为这使我们免于担责。服从权威的愿望让我们摆脱了困境，这意味着：当出现问题时，那都不是我们的错。如果我们是一名经理，要么是高层管理人员带错了方向，要么就是下属不懂我们的指示和积极性不够，总之都是别人的错。

组织为强调服从权威而付出的代价，是由此产生的无助感和隔阂感。因为这不是我的错，所以我无法搞定它，这种局面是管理层和下属共同造成的。令管理者感到宽慰的是，有人在他们的控制之下被迫服从了他们的意愿，这让他们产生了权力和影响力的幻觉。令下属感到宽慰的是，当事情出错时，这不是他们的错，他们用自己的无助感换取这种安慰，付出的代价却微不足道。

拒绝自我表达

在组织中有一种强烈的信念，即我们需要进行自我控制并服从上级的权威。当我们被问及对某事的感受时，我们的答案是："谁在乎呢？我们来这里是为了完成工作，我们在这里靠的是理性和逻辑，要把手头的业务做好，这里不是谈论感情的地方。"事实上，在组织生活中，最蔑视某人的说法就是，"我们不要那么感情用事好吗"。"感情"和"感受"何以成为如此消极的词汇呢？这就好像工作与人完全无关。事实上，我们工作中的一切都是关于人的，并且理当如此，工作场所是我们度过生命中大部分时间的地方，我们都非常关心在那里发生的事情，包括要完成的工作以及我们身边的人。当我们拒绝自我表达时，我们就会付出高昂的代价。所有管理人员都在不断地寻找激励人们工作的方法，其实，所有能量、激情、动力以及内在产生的做好工作的欲望，都来源于我们对自己所做事情的感受。拒绝自我表达并要求人们进行自我控制、好好表现，就是给他们的动力和活力泼冷水。

对那些以自我控制为主导规范的大多数组织来说，自我表达会以非正式的方式进行。人们确实会谈论他们的感受以及正在发生的事情。在现代世界中，智能手机是我们首选的发泄出口。此外，我们会在下班后、午餐时或在洗手间里碰面，洗手间是自我表达的主要场所，如果你真想知道会议中发生了什么，你所要做的就是休息一下，然后躲在洗手间听听人们是如何谈论会议的。在会议期间，如果你问："大家觉得怎么样？"每个人都会说："很好！这是一次很好的会议；我认为谈论过去很重要，我认为重要的是我们要探索所有的可能性，并研究一下支持替代方案的所有数据。”然后你休息一下，去趟洗手间，在那里会听到有人说，“你能相信发生了什么吗？在那次会议上？我不敢相信他这么说，她那么说。我认为我们应该做一些不同的事情——我觉得我们正在做的事情是浪费时间”等。

雇佣契约要求“拒绝自我表达、行使自我控制”的部分，限制了我们的能量级和原动力，这使我们作为管理者无法真正地理解我们的行为对追随者的内在动力和能量级的影响。

当然，我们担心的是，如果我们鼓励自我表达而弱化自我控制，那将会牺牲组织的目标，人们会各行其是、自我授权、以自我为中心。这种对失控的恐惧导致我们对签订包含有拒绝自我表达内容的合同感到宽心，即使这种高度控制的想法将以牺牲对企业发展有利的绩效、动力和能量为代价。

牺牲未来不可知的奖酬

第三个契约又被称为家长制契约，其本质就是做出牺牲。30 年前，一位经理非常明确地说：“从周一到周五，他们属于我，周末时，他们属于自己。”在现代社会中，我们的全部生活都围绕着一间办公室展开。计算机和手持设备使这成为一种可能，而且可能是强制性的。

当我们要求人们做出牺牲时，从本质上讲，我们是在要求他们去做一些事情，如果任其自行其是，他们会选择不做。我们最基本的担心是，我们要求别人做的事情与我们的意愿背道而驰。为了回报人们做出的牺牲，我们承诺给予他们一个光明的未来。当我们被要求更具体地描述未来的样子或者他们会得到什么回报时，我们的回答必然是，“我现在还不能谈论这件事”。这种做出牺牲的信念是我们与员工签订契约的基本要素，它导致了一种我们都已为此付出代价的隐性交易。许多人加入大型组织是为了安全保障和长久舒适的未来，可能曾经有那么一个时期，组织可以承诺这种安全感和舒适度，但那样的时期已然过去。现在，大多数大型组织变得越来越小。公司因缩小规模变得“敏捷”，从而获得高额收益。

当我们解雇人员时，实质上我们违反了与员工之间的隐性交易。我们再也不能向他们保证，如果他们努力工作、做出牺牲、做好业务，就将永远在公司占有一席之地。技术和自动化已经允许公司在没有人的情况下发展成长，即使在经济显著复苏的过程中，大多数组织的人员数量也会减少，但依靠员工牺牲未来利益来打造一家企业是一个非常脆弱的命题。

相信前 3 个要素是公正的

仅仅期望服从权威、拒绝自我表达、牺牲未来不可知的奖酬是不够的，我们还必须相信，契约中的这 3 项原则是公正的和对组织有利的。相信它们对公司而言是公正的和有利的，就是相信从属依赖是对企业有利的。对是否有必要服从、牺牲和否定持怀疑态度会在我们身边引发无政府的阴霾。组织最强烈的愿望就是不惜一切代价保持控制，这是家长制组织中最主要的价值观。

人们普遍认为，强大而明确的权威是维持秩序的必要条件。如果没有来自高层和个人之外的强有力的各种权威，那么我们所拥有的就是混乱。这是一种法律和秩序的思维模式，它基于这样一种信念：如果任由人们遵循自己的直觉和权威行事，他们就会做出与社会和组织背道而驰的行为。我们担心，人们基本上没有意愿或能力采取负责任的行动，为了实现共同的目标，必须不断地加强外部权威，从本质上讲，这是对人性的一种误解。该观点认为，从根本上讲，市场形势是一片丛林，我们必须十分小心，以免出现失控的局面。这种观点的假设前提是，人们无法进行充分的自我控制。

这也是许多人对自己的看法。我们开始相信，自己的冲动和私人问题实际上会对组织造成伤害，因此我们需要受到其他人的控制。为了组织能够有效地运作，我们需要明确的角色、责任和架构。

当然，这不无道理。我们生活在一个权力至上的时代、一个以自我为中心的时代。组织中存在大量的冲突，人们身边损公谋私的行为时有发生，这些证据支持了强力控制和明确权威的信念。如果我们选择关注他人以自我为中心的行为，那么控制就变成了一种自我应验的预言；我们看到的行为越不负责任，我们就越紧密地控制，越坚定地认为，对于实现目标来说，外部权威至关重要。

我们对无政府状态的恐惧也表达在一个共同的抱怨中——缺乏领导力。这种异口同声似的怨言意味着，没有强有力的、明确的领导，没有人指出方向并且告诉我们怎样做，我们就无法实现目标或者成为我们想要成为的那种员工。控制必须来自顶层和外部，才能使我们以满意的方式运作，这几乎成为一种信仰。

高度外部控制的优点是清晰，代价则是不要求人们承担责任，这就是一场交易。家长制背后的信念是，如果我们想要架构清楚明了、目标清晰简单，并且没有人表示异议，那么最可行的运作方式就是通过专制和高度控制实现这一目标。高层管理者总是通过指出组织基层或中层不负责任的行为为他们的控制行为找借口。

各级管理人员，包括我们自己，都使用相同的理由，我们总说希望更多的人参与，希望人们为自己承担更多的责任，希望创建自主的工作团队，但现在人们还没有做好准备。我们看到的是下属对于从属依赖的渴望，于是发展出一套架构以回应和强化这一渴望。

我们认为，如果减少控制权并给予人们更多的责任，结果将是效率低下，这不无道理。事实上，有些人确实没有做好为自己的行为或为自己的组织承担责任的准备。我们在组织中曾做过给予人们更多自主权和更多控制权的试验，放松控制的直接后果是一段时间的挣扎、混乱和生产力下降。人们习惯于在高度结构化的环境中运作，当一些结构因提倡创业精神而被取消时，在一段时间内，人们会测试自己到底拥有多少权力，按照自己的利益行事，不可预测的事件将会发生——其中一些不符合组织利益最大化原则。因此，我们很容易得出结论：外部控制是必需的。但是我们忽略的是，不符合组织利益最大化原则的不可预测事件，同样也发生在高度控制的结构下。拥有一个高度控制、自上而下的组织，它本身就会产生阻力。无论我们创造什么样的外部结构，都会在某种意义上失去控制。事实上，经理对下属的实际控制力在某种程度上只是一种幻觉，虽然他们绝对有权告诉人们该做什么，然而，是人们自己决定是否要去做。

战时的经验和体育赛事是使外部权威需求合理化的常见隐喻。当你走投无路时，赞成高度外部控制的论点是，如果要攻下山头，你只需要一个排长指明方向。如果你想赢得一场足球比赛，则只需要一个教练和一个指挥喊话的人。尽管有越来越多的证据表明：高控制、专制独裁、自上而下的企业组织体系往往不如更民主、更参与式的企业组织体系有效，效率也更低，但我们仍然固执己见。虽然专制的管理方式能够带来一些成果，但它的一个意想不到的副作用是增强了人们的孤立感。

另一种选择是接受这样一种信念：我们行动的最终权威来自我们的内心，无论文化和周围的环境发生了什么，我们都要对自己的所有行为负责。尽管上级管理者给出的方向不明确或目标不清晰、市场不可预测、组织处于特别的历史时期，但是最终人们会做出自己的选择，而且他们行为的控制力源于他们的内心。

这里存在一个悖论：正是维持控制、维护权威和拒绝自我表达方面的努力，激发了人们的本能去为努力实现目标而斗争。一次又一次的行业试验表明，当权威减少、被要求做有意义的事情、被问及感受时，人们的表现就会有所改善。大多数成功的试验都是基于参与式管理和员工参与其中。这些努力的核心在于管理者重新就家长制契约的承诺进行谈判。在许多情况下，员工的表现有所改善，新工厂的启动速度超出了人们的想象，落后的部门重整旗鼓，凡此种种表现变得令人满意。然而，这些结果通常只发生在组织的某个部门中，其他部门在观望这种参与式契约的试验时会说："这可能非常契合他们的情况，但不适用于我们。"保持控制的愿望比提高绩效的愿望强烈得多。如果管理者必须在为了获得更高绩效而放弃控制与为了保持控制而放弃绩效之间做出选择，在大多数情况下，他们会选择保持控制。这强化了人们的信念，即他们的职场命运取决于主管的态度和认可，而不是掌握在自己的手中。

为了统观全局，我们需要理解家长制契约不是组织和管理者一手造成的，而是由双方共同订立的。家长制契约满足了我们对于从属依赖、被关照、服从上级权威的愿望，并且契合了不必为生活或行为负责的心态，这是紧握权威的人们与那些为之工作又不想承担责任的人们之间的你情我愿。而授权最纯粹的形式意味着创造一种人们可以面对自由的企业文化，意味着我们要面对自己的自由，这才是真正的相互依赖：两个人或两个团体，接受了彼此的自由和自主，选择互相合作并接受彼此的脆弱，因为他们知道只有共同努力才能创造高绩效和更美好的世界。

短视自利：与晋升和自尊有关的神话

官僚循环中的第二个因素是短视自利。从最简单的意义上说，政治就是为了自身利益而追求自我利益——重视权力和影响力，所以如何定义自我利益至关重要。传统的"自我利益"的定义是"我想从工作中获得成功"。如果你问我为什么工作，我会说："还房贷。"越容易还房贷，我就做得越好。我们还认为自尊与晋升是息息相关的，我在组织中的职位越高，自我感觉就越好。我的职业成功取决于我在等级制度中的位置。这种基本信念，即职位晋升并赢得上司的认可，加上与之相伴的一些小变化，才是真正激励人们并赋予他们工作意义的东西。这种信念在我们所有人的心中根深蒂固。我们有必要质疑这种信念，并且不妨激进一点，认为这个定义本身就是问题的一部分。自我利益一旦被定义为：

- 晋升到成功者的圈子；
- 赢得上司的认可；
- 工资大幅增长；
- 在组织中万无一失；
- 管理越来越多的人员和担任越来越多的职能。

我们就启动了必然产生官僚主义心态和操纵性运营的方式。如果我们认真对待授权和积极的政治，就必须挑战这些关于自我利益的信念。从童年开始，我们就会收到一些图像和信息，表明物质的获取是一个值得追求的目标——无论你拥有多少，都是不够的。作为管理者，我们经常通过下属想要获得成功的愿望控制他们。绩效评估的实质是我们利用影响到人们的工资、晋升和安全的威胁或承诺，让下属按照我们的意志行事。我们使用这些个人的、有形的奖励作为确保组织目标得以实现的方法，而且确实有效。

问题在于，管理者太过强调将个人收益作为一种激励手段，并为此付出了代价。从根本上说，这创造了一种对企业不利的服从文化，随之而来的是会对我们的创业愿景产生干扰的、以自我为中心的利己主义。

高处不胜寒

如果晋升是我们的目标之一，那么就让我们以一种夸张的方式来看一下顶级生活给我们带来的好处。是的，我们想要升职，承担更多的责任，管理更多的人，换句话说，我们拥有的权力越多，我们的境况就越好。在美国，没有国王或王后，没有皇室，美国文化中的贵族是大公司的首席执行官，他们相当于“皇室贵族”。这些 CEO 是企业存在的英雄。当你不再驾驶自己的汽车、不用带现金甚至信用卡、不必乘坐商业航空公司的航班时，你就实现了升职的终极梦想。

在《福布斯》和《财富》杂志的页面上，这种特权生活被浪漫化了。如果你在一个大城市中工作，早晨 6 点钟被接上豪华轿车，然后在烟色的车窗后面默默地工作，手中拿着智能手机，肩膀上方开着阅读灯。之后你抵达一个玻璃与钢结构的高层建筑的私人车库入口，你快速向保安人员打招呼，直呼其名，然后乘坐需要用钥匙打开的私人电梯到达顶层，在办公室里开始一天的辛苦工作。

行政楼层是我们的目标，它给人一种宁静祥和的错觉：室内的装潢低调典雅，灯光柔和婉约，威廉斯堡台灯美丽、精致，昂贵的现代艺术品点缀其间。

行政助理像个宫廷卫士一样泰然伫立，他们不比皇宫的同行逊色，其主要职能是控制来访人员的数量。顶级生活的最高标志是典型的董事会会议室，它们大多数被设计为权力的终极表现形式，又长又窄不可移动的桌子占据着空间，气氛异常正式、严肃，那些向董事会做陈述的人就像出庭的当事人一样。董事会会议室是高层人士的终极聚会场所，像医院的重症监护室一样把人照顾得无微不至而使人感到“轻松”。高管想知道下面发生了什么，希望人们与他们坦诚地沟通，并根据真实信息做出决策，然而，当他们作为群体在一起时，在这样的环境下，人与人之间的真诚互动变得极为困难。

董事会会议室就像是职场的“珠穆朗玛峰”，它吸引着我们努力工作，争取晋升。我们可以选择如何布置我们的办公室。要知道你在组织中做得怎么样，最好的体现方式就是你的办公桌。如果你在组织中的地位足够高，就会得到一张类似大餐桌的办公桌，这意味着桌子超大，没有抽屉，不会出现杂乱、混乱的情形，只需一张大桌子就可以象征你在组织中受重视的程度。

办公室的大小和是否有转角窗也备受关注。每间办公室的大小和格局都按照级别精心设置，拥有的功能越多，办公室就越大，当然，你也就越富有。你在组织中的表现越好，你的办公室看起来就会越像起居室。通常与高管见面的场景就是坐在沙发上或咖啡桌旁边谈论业务，四周是漂亮的画作和私人物品。不过有一个事实总是困扰着我，那就是这些行政办公室的布置比我自己的家漂亮得多。

这种生活方式和高层所处的环境存在什么问题呢？远远看去，这样的生活很棒，近观则不然。在许多方面，这是一种极端隔绝、自我牺牲和脆弱不堪的生活。一家大公司的高管评论说，他一天到晚有可能就是上班、上电梯、在办公室里埋头工作一整天，在私人餐厅里吃午餐，然后回家，除了助理，他没有和其他人说过话，而这可能就是所谓的“美好的一天”。

在美国企业中，高管被他们赢得的舒适和特权围绕着，他们为此付出的代价就是与外界的隔绝和与下属的疏离。行政特权被合理化为对所有员工的激励——总有一天，这个地方将是你的。这对高管是多么有形的奖励，对员工明晰权威是多么好的提醒。而这样做需要付出的代价就是，高管往往很难知道组织中的真相，员工最不情愿做的事就是向掌握他们职场命运的人报忧。权力的象征生动地强化了这一点。

人在高处也就像在鱼缸里一样，你的一言一行、一声叹息都被仔细地观察，成为传递立场的信息或线索。在家长制契约中，人们对高管的期望是不真实的和有限的。一个悖论就是，拥有太多的权力会使高管更多地受制于下属，而不是控制下属。

高管工作的安稳度也被高估了。在一个由 50 家左右的小公司组成的大型医疗保健集团中，公司总裁的平均任期略长于两年，这本身就令人感到不安，但最重要的问题是，在组织的顶层并没有地方安置那些前任总裁。对身在高处的人而言，失败的后果要比那些处于较低处的人更为严重。普通工人可以被转岗、雪藏或培训，但如果作为高管降职了，那就是应当重新评估职业发展的时候了。即便拥有“黄金降落伞”[①]，你仍然会撞到地面，而且每次都会受伤。

最根本的是，高管的生活远远看起来很好，但近距离观察，它助长了高管常常抱怨的官僚主义和政治思维。身处顶层的压力、孤立和竞争使人们更加忧心忡忡、维持现状、过度谨慎，并且更加具有从属依赖性。结果就是，我们很难从组织的高层身上找到冒险的意愿和变革的选择。或许你可以找到修辞方面的“改变”，但不会是真实的行动。在组织的各个层级工作过的任何人都会意识到，在金字塔中的位置越高，你需要的谨言慎行、虚虚实实和政治活动就越多。获得的实际奖励越多，你就越想抓住它们。随着我们在组织中的晋升，我们会变得更加关注那些不得不失去的东西，而不是我们想要创造的东西。取而代之的是，应当平等地安排组织各级的待遇，让每个人拥有同样大小的办公室、同样的家具、同类的装饰画作、同样多的窗户。这样做意味着，这里的目标不是建立一个帝国或是为自己创造舒适的生活方式，而是建立一个真正的组织。

对人们最主要的奖励应该是组织本身的成功而不是个人的晋升。我们常常过于强调个人所能获得的补偿和待遇，然后又抱怨人们为了自我晋升而变得自私自利。如果组织做了太多的事情奖励那些以自我为中心的人，并将他们的自我利益定义为在组织中获得晋升，那么这便是一种弄巧成拙的做法。我们之所以这样做，是因为需要这样做，需要控制人们并让他们敬业，我们相信“成功就是一切”的神话。然而，事实并非如此。

我们每个人都在“此山中”，如果在组织底层或中间的人认为，只有向上升迁，事情才会变得更好，那么我们值得重新审视这样的假设。从某种程度上讲，相信自尊与升职是正相关的观点是错误的。我们无法保证，如果取悦上司并获得

① Golden Parachute，又译作金色降落伞。它是指作为企业的高级管理层，在失去他们原来的工作后，企业从经济上给予其丰富的保障，其最早产生于美国。“黄金”意指补偿丰厚，“降落伞”意指高管可规避企业控制权变动带来的冲击而实现平衡过渡。——编者注

晋升，就会自我感觉更好，或者更能控制自己的生活。当我们看到其他形式的自身利益时，这一点变得更加清晰。

寻求认可

如果我们的最终目标是晋升到高位和逆来顺受，那么我们就注定要在职业生涯中一直寻求上司的认可。从表面上看，这似乎再正常、再自然不过了，这被称为“上进”。在所有机构的经历都告诉我们，要取得成功就必须获得当权者的认可。在学校里，如何上进就是最生动的例子。在美国的学校中，衡量学生的标准是评级，学生通过让老师认可获得好评，有时获得较高的评级似乎比学习本身更重要。在学期一开始，学生就摸透了老师的风格，并决定了为了获得想要的评级而必须对老师做些什么事。这些人被称为“迷宫聪明人”。在极端的情况下，学生会避免学习那些自己虽然感兴趣但据说很难通过考试的课程。在 20 世纪初期，评级被开发出来用于评估教师的教学情况。不知何故，这种情况得到了转变，以至于评级现在被用于衡量学生的表现，而提高平均绩点也成了目标。评级成为老师认可学生的方式，学生需要煞费苦心才能获得认可。当我向自己的孩子询问课程的进展情况时，这一点变得清晰起来。无论他们的年龄或专业如何，答案总是一样的——“老师喜欢我”或“老师不喜欢我”。他们没有对课程内容做出反应，那似乎无所谓，有所谓的只是“老师喜欢我”“老师不喜欢我”，到此为止。经过 12~16 年对这种文化的适应，人们作为员工加入组织，准备进入另一个寻求认可的体系，组织并没有让他们失望。你可能会问：“寻求我们周围的人，包括我们上司的认可和支持有什么不妥？”没有什么不妥。

但是，问题在于，我们在多大程度上用他人的认可来驱动自己的行动。如果我们一直专注于寻求他人的认可，甚至几乎排除了个人认为对企业最好的那些做法，那么我们就会为了走正常的路而牺牲自身职责的公正性。我们并不是为了得到他人的认可而工作，而是为了推动业务向前发展——即便有时我们的前进会令周围的人感到不安。以获得认可作为主导价值观会让我们感觉自己的职场命运掌握在别人的手中。依赖认可所驱动的系统会让我们付出代价。

因为担心“谁传递坏消息，谁就会倒霉”，我们不愿意向上司“报忧”。一家大型研发公司被委托对一个失败的重大项目进行研究，调查结果显示，其实在这些项目的早期，研发部门的核心人员就知道项目的承诺永远不会兑现，但当他们被问到为什么没有在一开始就提出警告时，答案则是，他们认为已经预算申报了这么多的资金，并且做出了如此严肃的承诺，如果他们大声地说出“皇帝没有穿衣服”，那么他们的职业生涯就会因此受损。因此，最好保有上司的认可，而不是试图阻止正在快速运行的项目。

与高管对话成为一项需要精心排练的活动，与比我们高出两三个层级的人交谈，意味着我们必须面面俱到，严阵以待，必须确保能回答每一个被问到的问题。我们还有一种叫作“以防万一”（just in case，JIC）的文件资料，用来确保我们看起来是在把控全局。在某些组织中，除非想法提前在演示文稿上列出来，否则人们甚至无法召开会议。其中一些想法是有用的，有助于沟通；然而，在许多情况下，那些想法是过度为之的，它倾向于创造一种结构和程序，以至于真正的沟通，特别是关于敏感问题的沟通，几乎没有机会开始。当“看起来很好的需要”压倒了“诚实沟通的需要”时，“建立一个自主选择的组织”这样更深层的目标就被干扰了。

在获得认可的过程中，我们有时会做出可能无法兑现的承诺。出于避免痛苦的对峙，我们会向某项计划或某个质量水平妥协，我们不能拒绝别人的要求，特别是来自上司的要求。“不能说不”导致我们做出不切实际的承诺，而这反过来把我们的部门折腾得鸡飞狗跳。跟我们在同一条战线上的协作部门，它们的计划基于我们的承诺，而当我们付出了超人的努力也无法履行自己的承诺时，这些协作部门也跟着遭殃了。

作为管理者，看到下属寻求认可的行为，我们对此抱有非常矛盾的感受。一方面，人们确认我们的权威地位并寻求我们的认可，这是令人放心和完全正确的。如果他们不这样做，我们就会担心每个人都朝着不同的方向前进，这势必会造成混乱。下属寻求认可的需求变成我们维持部门控制的工具。作为管理者，我们也需要来自部门的支持，我们将下属取悦我们的做法视为其承诺为共同目标而努力的证据。

另一方面，我们希望员工负起使部门获得成功的责任，希望他们既独立又互依，还能英明决策。我们要求他们独立，要求他们带着解决方案而不是带着问题来找我们，而独立自主与寻求认可的行为格格不入。作为管理者，我们所要做的重要工作就是，如果真的想建立强大自足的组织，我们就需要鼓励人们开诚布公、提出异议。从长远来看，让人们相信寻求认可才符合其自身利益，与建立业务所需的自我驱动的内在承诺是背道而驰的。

真金白银

衡量我们对组织和世界的价值的普遍标准就是盈利多少，在每个级别都是如此。从首席执行官到小时工，他们的薪酬被同样关注。总裁每年赚取数百万美元是企业荣耀的源泉。媒体广泛报道了美国职场贵族在转换工作时获得的天价待遇的种种细节。为了雇用高管，组织不仅要每年向他们支付数百万美元的薪酬，还必须向他们提供一份保证 5 年雇用期的合同，股票期权成为招聘利器，即便被解雇，高管也会如同成功留任一样富有。一个颇具讽刺意味的事实是，货币报酬已被普遍用来衡量人的价值。

在组织的其他层级，备受重视的是每个人每年的加薪幅度。如果得到的是 3.2% 而不是 3.6% 的涨薪幅度，人们可以为此争吵抱怨数小时，理由是，0.4%

的薪酬差别不仅重要，它还是公平、公正和受重视程度的衡量标准，其象征意义重大。实际上，业绩平平的员工和高绩效员工之间的薪酬差异非常小，其差异每年可能在 1 000 美元到 2 000 美元。鉴于美国的高累进税率，所有这些意味着人们在下午早些时候就开始为政府打工了。例如，由于相当大比例的涨薪被联邦所得税吞噬，员工获得的大幅加薪则意味着他是在下午 2:20 而不是下午 2:40 开始为政府打工的。他在下午 2:40 之后所做的所有工作都要纳税，这可能就是为什么人们在上午的工作效率最高，因为他们是在为自己工作。

对于薪酬重要性的另一个衡量标准是，人力资源部门在薪资调查和维持公平的薪酬制度方面所做出的所有努力。事实上，薪酬体系的一个主要目的是维护整个组织的公平性，人力资源部门会通过精心设计的措施确保人们在公司的不同部门获得大致相同的薪酬。除了销售部门，员工的薪酬很少与绩效挂钩，从某种程度上讲，这没有问题，因为几乎没有证据表明，当薪资上涨时，业绩会上升。

关于薪酬制度的另一个方面是，加薪的决定是在员工实际收到加薪之前的 12~18 个月做出的。在秋季的某个时候，确定薪资预算，对员工的绩效水平进行评级，并确定下一年度相应的绩效增长，这意味着在今年 10 月决定是否在明年夏天或秋季的某个时候为某个人加薪。加薪的决定和实际加薪之间的这种滞后性几乎确定了一个事实，那就是一个人的表现对于他薪酬的影响是多么的微不足道。

薪酬作为价值衡量标准的美妙之处在于，它是如此有形，看得见摸得着，可以谈论、可以跨部门和跨公司比较，我们从不介意它是真实的还是错觉，抑或是象征性的。薪酬是人们之间最常见的对话主题，也是衡量人们在组织中做得怎样的最有形的标准。事实上，人们如此专注于将薪酬作为衡量标准，由此证实了大部分组织生活中普遍存在的官僚主义思想。

薪酬也是一种美好的合理化方式，可以化解管理者的其他难处。每当组织重视的人才离职并加入其他公司时，我们肯定可以通过解释这些人才在新的组织中将获得更高的报酬的说法将他们的离职合理化。我很少听到一位主管或经理说，下属离开公司是因为对工作不满意、不喜欢组织的管理方式、没有发现工作的意义或者觉得管理不到位，普遍的借口都是，下属为了更高的报酬而离职，“如果重要员工离职，那不是我的错”，这是经理对外界的普遍说法。

由于人们在换工作时几乎总能获得加薪的事实，使得这种解释也是可信的，市场总是比我们自己的组织更重视我们的价值。

作为管理者，我们总是愿意向自己并不了解的人而不是我们熟知局限和弱点的人支付更高的薪酬。

这里的重点是，对薪酬的强调是官僚思维的一种表现，如此关心报酬的事实，阻挠了我们对于工作质量、意义、完整性和工作贡献的追求。如果我们认为正在从事有意义、有实质、有深度的工作，那么工资多少都不是问题。在某些方面，对薪酬的重视程度是衡量绝望程度的一种标准——如果我们不能做有意义的工作，不能成为我们真正相信的组织的一部分，那么就请为我们做出的牺牲给予薪酬上的补偿。

给予有形奖励和公司奖项，其收效与初衷背道而驰，它的本意是让我们感受到价值和回报，让我们自我感觉良好，并且对于做出的贡献感觉良好。但是，我们为精心设计的薪酬体系、美好的工作条件和工作福利所付出的代价是，我们开始相信真的需要这些东西，开始根据公司向我们发放的奖励评估自己，这只是强化了我们的依赖感，增强了被一对“金手铐”困住的感觉，并使我们的注意力从做有意义的工作、创造我们自己选择的组织移到了别处。

安全的愿望

除了职位晋升、得到认可和薪酬，家长制组织的第四个特征是“安全第一”。

人们的日常行动都是为了保持安全，免受指责。只要这不是我们的错，谁会在乎发生了什么？会议占用了我们那么多的时间，因为它们致力于捍卫我们的立场，证明我们的清白。有一种说法是，在治疗的过程中，所有最重要的陈述都是在前 10 分钟和最后 10 分钟内完成的。在前 10 分钟，我们表达了我们所担心的事情；在最后 10 分钟，面对即将结束的谈话我们开始说实话。如果治疗持续 50 分钟，我们会用中间的 30 分钟指责别人，谈论我们的生活是多么艰难，并解释我们如何做了一切力所能及的事情但仍然没有奏效。

会议也是如此。我们首先制定议程，然后解释过去、背景、研究、数据、选项、后果，以及每个人在剧中扮演的角色。所有这些讨论都旨在给我们营造一种安全感，让我们觉得我们正在做正确的事情，正在以合理的、无可挑剔的方式推进事情的进展。这满足了我们的安全愿望。幸运的是，会议有一个结束时间，所以在最后几分钟，我们才决定做什么。也许，当我们真正做出决定时，那个决定只是基于预感、直觉、主观感受或是一两个人的主导地位而已。

如今，技术已经占据了我们生活的很大一部分，以至于我们已经迷恋上了速度和便利，而这两者都没有减少家长制带来的焦虑。人们一如既往地担心自己的工作，正是移动技术让我们不断地被这种焦虑束缚。

曾几何时，如果我们能加入一个大型组织，就会放弃一些自主权，但换回的是安全感。我们会去政府部门或《财富》500 强公司工作，因为这些组织提供稳定、长期的就业机会，而这已不再真实。当美国电话电报公司在多年前被分拆时，它象征着我们已经无处可藏的现实。我们在报纸上看到“贝尔大妈”（美国贝尔电话公司）依然免职了 24 000 人。如果你为美国电话电报公司工作都无法获得安全感，那么你在美国哪家公司工作能带给你安全感?

可口可乐配方的变化是对我们保护茧的另一次创伤性的打击。如果可口可乐公司在 99 年后被迫改变其配方，那么还有什么东西可以是“神圣”的?当年可口可乐公司接到了超过50万个投诉电话，来电者在电话中抱怨其对配方进行的改变。因为配方的改变，可口可乐公司的员工无论走到哪里都受到辱骂，这甚至发生在教堂里，这次风波被夸大其词了吗？一点儿也没有，这是对传统的失落、对不可预测、对我们什么也抓不住的愤怒呐喊。在这个具有里程碑意义的事件发生30年后，美国人生活在一个混乱被美化甚至被大多数行业视为目标的时代，至今仍保留着的是他们对安全避难所的渴望。

积极参与企业组织的政治就是接受危险并勇往直前，这绝非易事，但我们放弃的安全，并非真的安全。

控制所有成本

现在请听

现在请听

这里是船长在说话

这里是船长在说话

这就是全部

这就是全部

——一位老海军的谚语

生活在组织金字塔中要非常注意控制。有时，我们似乎把控制看得比什么都重要。整个部门和整个管理层的创建只是为了保持控制，就好像我们失去了控制，就失去了一切。只要我们还在控制，谁在乎还会发生什么？

大多数关于提高生产力的研究得出的结论是，提高生产力是通过给予员工更多的工作控制权实现的。媒体铺天盖地报道了关于工人参与、质量小组、自主工作组和扁平组织的成功故事，所有这些都是在参与式管理的前提下进行的。尽管这些方法得到了积极的宣传并取得了实际的成果，但它们迄今仍属于例外。即使像福特汽车公司这样的大型汽车制造商，承诺了从高层开始允许员工参与，然而从专制到参与式管理的转变仍需要很多年。

为什么会是这样的？因为我们已经学会了把控制看得比什么都重要，如果你让某人在低控制 / 高绩效与高控制 / 低绩效之间做出选择，常见的回答是“感谢您提供的有趣的信息，但我将继续采取高控制 / 低绩效的方式”。

我们热衷于控制的另一种表现是对于“出乎意料”的鄙视。“你可以做任何对你有意义的事，掌握自己的命运，但不管你做什么，都不要让我感到出乎意料。”你可以告诉上司，人员流失率很高、屋顶在周末塌了、前台接待和保安一起逃跑了，但他们的回答会是“这并不让我感到出乎意料”。只要我们没有感到出乎意料，就会产生一种一切尽在掌控中的错觉，以为一切都在我们的掌握之中。对个人和组织而言，通过减少意外实现的控制欲在很多方面都是一种损失。

关于出乎意料的理由非常简单，具体如下。

- 研究表明，出乎意料对于高绩效至关重要。发现的本质就是出乎意料，没有出乎意料，就错过了发现和发明。
- 在所有的学习过程中，都有一个“不知道”的时刻，紧接着是一个出乎意料的时刻，当我们避免意外时，就避免了风险，但这也会阻止我们找到新的方式。
- 出乎意料也为我们的工作体验提供了调味剂，兴奋、冒险和未知是动力与能量的来源，没有出乎意料，我们的职场生活就缺少了能量和动力。

尽管出乎意料提供了放松控制的理性佐证，但是创建绝对可预测的组织已经成为惯例。制定目标和可衡量的指标、按计划开展工作是大多数组织文化的生命之本。自相矛盾的是，虽然我们以宗教般的热情重视计划和预测，但其实心里知道这是不可能的。对于绩效不佳，最常见的抱怨就是缺乏规划、明确的目标和适当的控制。这种对控制的渴望是金字塔式工作组织的核心主题，当超越普遍的看法时，它也会出现在轻松、开放、自由的工作文化中。在这两种文化中，你都会发现类似的负面政治活动，但如果希望推动组织走向创业的方向，那么我们就别无选择，只能严肃地直面我们维持控制的价值观和态度。

对我们有利的发现是，控制的愿望大多是一种错觉。如果我们认为我们控制了 50 人、1 000 人或 20 000 人，我们就是在拿自己开玩笑。实际上，组织一线的人决定着每天干什么工作。为我们工作的人决定我们要做什么，而不是由我们自己决定的。我们告诉他们我们想要完成什么，但他们决定是否做以及如何做，残酷之处在于，我们在组织中的位置越高，与具体工作的联系就越少。

我们的职位级别越高，我们就越依赖于组织的各个层级，从中才能知道真正发生的事情。在试图发现组织的中下层发生的事情的真相时，高管感到如此沮丧，于是他们引进了员工群体作为自己的代理人，这就是很多企业员工群体越来越大的原因。高管因缺乏信息和控制而感到沮丧，因此创建了员工审计员、规划人员、绩效经理和培训师，以绕过正常渠道获取信息。这些团体的存在表明了高管希望保持控制的愿望，同时他们也承认了自己其实并没有控制权。

高管确实有权力指导企业发展的方向、雇用员工和解雇员工，并做出有关财务、人员和技术的决策。但实际上，让这些决策有效的实际控制则超出他们的掌控。

为了营造一种具备创业精神、能在最好的意义上讲政治的企业文化，我们必须放弃一些控制权。值得宽慰的是，我们只是放弃了我们起初就未真正拥有过的东西。

操纵策略[①]

鉴于家长制契约主要强调和关注安全，以及职位晋升的控制权和自我利益，其不可避免的后果是通过操纵进行管理，这是官僚循环的第三个要素。操纵方式根深蒂固，我们常常几乎不知道自己在操纵。控制和操纵之间存在差异。操纵是在不知情的情况下试图控制其他人的行为。当我们引导其他人的行为并让他们知道我们这样做时，就会发生控制。当我们试图影响他人并且表现得好像并非如此时，就会发生操纵。

“操纵”是一个充满感情色彩的词。大多数人会拒绝为自己的利益更公然地利用他人。组织中的官僚政治行为并不是那么明确，并不像是彻头彻尾的谎言，或是利用人们之后背弃他们、摧毁敌人或是假意与敌为友。

我们最有可能涉及的组织政治是微妙的，并且它已经演变为应对策略而不是侵略行为。我们不情愿进行操纵，于是在下面这两者之间徘徊：①知道完成工作需要什么和建立合作伙伴关系以实现目标；②生活在高控制、寻求认可的文化中，职位晋升始终是人们意识的核心。委婉、聪明和封闭是对困境的适应性反应，而不是我们真的想如何操作的首选。我们起初采取操纵的手段是因为它确实起作用，并且可以被接受。一段时间之后，我们变成了自己最初不理解的那种文化的一部分。

接下来是消极政治通过操纵策略表现出来的一些更微妙的方式。清楚地看到这些能够使我们更容易选择另一种更积极的途径。

口是心非

操纵在本质上就是嘴上说“是”而心里说“不”。当人们带着想法和建议来

---

① 本节描述的操纵策略普遍存在于美国的企业组织中，作者对此进行了分析并表示了反对，最后作者建议通过授权停止组织中的操纵行为。——编者注

找我们时，我们的回答是：“这是一个非常有趣的想法。”“有趣”是我们最常用来表达我们的冷漠或反对的词，同时又表现得好像我们很支持他们一样。

当我们向人们提出建议时，他们的反应是“我们需要更多的研究”“我们需要将其提交给一个特别工作组”“我们需要建立一个委员会”或“我们需要了解一下其他人对此的感受”，他们实际上是在说，我们的想法不是他们能够支持的，但他们不能告诉我们。他们回应说“时机不对，我认为最好在明年第三季度完成这项工作”是在组织中“说不”的通用代码，但又表现出答案有可能在未来变成“是”的可能性，所有这些都是微妙的操纵形式。

某某是我的“盟友”

另一种形式的操纵就是提及某人的名字。当人们试图说服你做某件事时，在谈话间，他们会碰巧提到一位高管支持这个想法。如果高管的名字是杰克，他们会顺便提到前几天与杰克谈论这件事时，杰克认为这是一个好主意，这会让你感受到强大的压力。传达某个不在场人士的支持是试图控制他人行为的间接方式，这屡见不鲜，而且屡试不爽。

避讳谈及另一面

第三种形式的操纵是只讲故事的一面或不提及我们的疑问。我们提出的建议书，大谈这对组织的利好及可行的原因，避讳谈及风险及对此的疑问；我们常常表现得好像毫无疑问，并试图通过掩盖任何行动都有风险这一事实控制结果。闭口不提那些反对我们提案的理由是一种说服他人支持我们的方法。

沟通策略

一种更微妙的操纵形式是尝试使用人际交往技巧达到自己的目的。所有人都参加了关于听力技巧和如何进行面试的工作坊，都学会了如何进行眼神交流，身体前倾，并表现出浓厚的兴趣。我们学会了以他人接受的方式重申他们的立场。

如果确实用于倾听或保持交流，这些技巧的确对我们很有帮助。但是，它们经常被误用为影响力策略，当我使用间接影响策略帮助你感到被理解并赢得你的支持时，我就是采用了一种复杂的操控形式。

夸大

另一种常见的操纵形式是夸大我们的要求，我们知道我们得到的总是会比我们要求的少。这就是预算的意义所在。我们不断地尝试以乐观的方式呈现案例和项目未来的数据，即使最终得到的少于我们提出的要求，那也会比较接近我们真正的需要。

掩饰现实的话术

最强大的操纵形式是尝试使用掩饰现实的语言。人们不断地召开会议试图找出如何用人们能接受的方式传达坏消息。一家大型银行的高管决定将裁员 40%，他们预感如果将自己的真实意图告诉员工，就会使组织士气低落。因此，这个过程被美其名曰“三角洲项目”，而且定位是“让人们参与重新审视他们的职能、使命以及存在的意义”。参与者知道其意图是削减在家办公的人员，因为高管明确地表示项目的意图绝不仅仅是削减在家办公的人员。

所有用来引入否定陈述的短语都是微妙的操纵形式。我们说，“我不是故意打扰你”；我们说，“我不希望你对我想说的话感到沮丧”；我们说，“我的意思并不是要使我的行为合理化；我并不是要防御或证明我将要做的事情”。所有这些陈述都旨在让他人跳出对我们所做行为的自然反应，实际上却泄露了我们的真正意图。作为经理，我们花费了大量的时间揣摩如何编辑发送给员工的消息。许多公司都有公关部门，其使命就是揣摩、分析来自最高管理层的信息。所有这些努力都是为了让人们在接收到我们沟通的信息时感觉更好一些。这是一种引导人们摆脱沮丧或怨恨的做法。

有时，当人们不希望对方知道他们的真实立场时，听听人们谈话时所使用的话术还是蛮有趣的。在愤世嫉俗的时刻，我称它们为组织的谎言；在慷慨激昂的时刻，我将它们看作谨慎委婉的表达。举例如下。

“感谢您的反馈。”当人们给我们带来坏消息或表达对我们的所作所为感到失望时，我们认为有义务采取行动，甚至表达感激。我们会说：“感谢您的反馈。”其实，这是我们讨厌他们刚刚告诉我们的事情的一种话术，这令我们感到沮丧，我们完全不认同他们的意见，于是会通过表达赞赏并给人一种有兴趣了解自己错误的印象中止讨论，从而避免长篇大论。

“我就是来帮忙的。”这是管理人员访问某个部门时最常使用的说辞。管理人员和一线人员之间的关系充其量是逢场作戏，每个人都心知肚明。一线人员认为，管理人员的存在只是为了评估、判断和向高层报告需要改进的地方。管理人员则认为，一线工作人员希望完全独立，并有权自主运营自己的部门。管理人员深信一线人员自私狭隘，并无顾全大局的意识。这种自然而然的紧张关系，让管理人员心里想的是：“我知道你不希望我在这里，事实上我也不太乐意在这里”，而嘴上说的却是：“我就是来帮忙的！”

“我们很高兴有你在这里。”这是一线人员或操作单位对管理人员的说辞。出于同样的原因，他们对顾问也这样说。一线人员尊严的基石是他们解决问题的能力，他们并不是真的想得到外人的帮助，他们并不愚蠢；他们知道必须忍受一些外界的帮助，可以通过假装热情以最大限度地减少管理人员起什么坏作用，因此他们会说“我们很高兴有你在这里”。更为老练的一线人员还会通过询问“你来的路上怎么样，住在哪里，昨晚在哪里吃晚餐”作为欢迎的开场白。最重要的一句是，“你什么时候回去？”这是一线人员的思考方式，其潜台词是“你还真没必要来这里，不过我的热情好客足以分散你的注意力”。

“人才是我们最重要的资产。”每个组织都声称“人才是第一位的”。如果这是真的，为什么美国企业在困难时期总是先裁员？即使在经济复苏时期，许多组织也尽可能外包更多的业务。其原因是，对大多数美国组织来说，劳动力是它们主要的可控成本。尽管这样做很痛苦，但出于经济原因，它们会裁员。事实上，这些美国组织认为，人才不是第一位的，经济才是。人才可能是第六位。经济是第一位、第二位和第三位的；资本设备排名第四位；技术是第五位，然后是工人阶级。问题不在于人才排在第六位，而在于我们号称“人才是第一位的”只是在装装样子。我们可能希望“人才是第一位的”，但要这样说会带来一个无法实现的期望。当有充分的理由证明这并非实情时，还继续宣称“人才是第一位的”，这就是另一种形式的欺骗。

“我正在为你提供一个发展机会。”当你的上司为你提供“发展机会”时，请注意，这是一种对你正在做的事情表达不满情绪并想把你调到其他地方的告知。之所以称之为“发展机会”，是因为这样说会让你免于对变动表达不满情绪的方式。当然，一些变动有利于我们的发展，但是，对于变动原因的微妙定位就是一种操纵。

“我对你很有信心。”当别人说他们对你真的很有信心时，你应该问问自己，他们为什么如此关注和怀疑你。我们只对那些关心的人传达信心，如果我们对某事真的充满信心，我们就不会想到谈论这样的信心。我们只是凭直觉表达信心以支撑那些尚不被看好的事情。毫无疑问，我们认为必须控制、塑造、激励和引导我们周围的人（特别是我们的下属），这表明有多少操纵行为侵入了我们之间的关系，对待他人就好像他们是孩子一样，他们无法处理现实状况，这已经成为一种微妙的方式。困境在于，我们不能像对待孩子一样对待我们的下属，同时还寄希望于他们对组织的成功和未来负责。

“你是精简机构的意外受害者。”没有人被“解雇”。由于员工的合法权利和我们自己扮演“救世主”的不适感，我们竭尽全力寻找其他词语，用来解雇那些我们不想要的人。

被解雇是一种“死亡”的形式，很难知道是谁解雇了我们或者是如何解雇的。即使他们已经失业了，我也一直在收集一些用来让人们不要以为自己被解雇的话。这些话语的美妙之处在于，它们是中立性的、制度化的甚至是有积极含义的。

- 你是精简机构的意外受害者；
- 发生了一些剧变，而你牵涉其中；
- 我们调整了组织的规模；
- 此人已被冲销（银行家注销不良贷款时使用的术语）；
- 欢迎参加“黄金岁月计划”（强制提前退休的代号）。

我最喜欢的说法是纽约一家大型银行所谓的“职业发展评估”（Career Progression Review，CPR），这意味着你将被解雇。如果你足够聪明，当他们打电话安排你的 CPR 时，你就告诉他们自己将外出 6 个月。

解聘的方式也体现着企业文化。在更原始的组织中，一旦员工被告知“解聘”，他就会被要求在 1 小时或 1 天内离开办公楼，有时保安会在他们的办公室看着他们整理离职物品，并确保他们只取走私人物品。一天早上，纽约的一家大型广播网络公司派人在电梯上与一位副总裁会面，告知他已被解雇，不再需要去办公室。一旦员工的名字不再出现在工资单上，他们的行为不在公司的控制之下，他们就会被视为潜在的“坏苹果”，被认为会迫不及待地破坏和腐蚀周围的人。大多数的解雇都是在周五下午完成的，目的是让人们的负面心态在与其他员工联系之前就已经在周末有所改善并变得理性。

这种关于解聘过程的观点无疑是片面的，并且有些许不公。许多高管都非常关心他们被迫解雇的人，许多公司提供支持系统和技能培训，用来帮助离职人员度过这一段创伤期，但当这些被作为处理公共关系的手段或避免诉讼的策略时，就变成了操纵。

代价和重点

这些操纵活动大多与分享和封锁信息有关，涉及应当透露多少信息、多快透露以及向谁透露。这些选择会影响到我们的企业文化的授权程度。作为授权的、具备创业精神的经理，我们应当这么做：

- 对下属据实相告。如果我们生气或失望，就直截了当地说出来，而不应将其包装为“有用的反馈”。
- 把那些困难、失望或怀疑的话告诉高我们两级以上的上司，越早越好。
- 即使没有明确的答案告诉你如何去做，你也要向组织传达有关情况恶化的信息，说“不知道”也是允许的。
- 让他人了解我们在有争议的商业问题上的真实立场，特别是在超过 3 人的会议中。

选择性地传达困难问题以控制他人的反应，这样的过程是一种近乎本能的操纵环境的方式。

这里描述的操纵形式本身不是主要的罪恶，相反，它们只是习惯性的方式，是为了适应组织生活的相处之道，而我们为操纵策略付出的代价，既存在于个人层面，也存在于组织层面。如果感到拥有选择的自由，那么大多数人会放弃政治化的行为，转而采用更诚实和直接的方法。在个人层面上，为了满足雄心壮志，我们感到有必要介入政治 / 操纵才能取得成功，这意味着我们已经放弃了自己的一部分，以有效性和实用性的名义削减了我们自身的完整性。在组织层面上，操纵使人们产生了依赖感和做出谨慎行为。我们希望人们具有创业精神和合作精神，但当我们掩盖现实并将人们视作儿童或外星人时，所得到的就是更多的消极政治和官僚主义。

官僚循环的累积效应让消极政治和官僚精神得以滋生，要想将组织转变为积极政治和授权成为常态的地方，就需要我们创造一个有选择的、富有创业精神的循环。我们不能一边试图停止操纵一边却仍然签署家长制契约[①]，或者仍将自我利益定义为成功，这样做太过分了。授权的选择致力于扭转每一个元素，这样的承诺不仅是为了更好地为组织服务，还是为了坚持我们的完整性、在工作中找到新的意义并将我们的自尊置于比特权和认可更长久的事物中。

---

① 家长制契约的概念取自大卫·麦克利兰所著的《权力：内心体验》（*Power-The Inner Experience*）（纽约：欧文顿 1979），第 183-184 页。

第 3 章
授权的选择

授权涉及权力分配，而权力是等级制度中职位的功能，是基层拥有选择的文化，更重要的，它是一种心态。传统的观点认为，如果你想改变组织的经营方式，你要么必须处于最高层，要么必须有天使在最高层。毫无疑问，如果高管认可你的努力，你的生活就会比他们不支持你时过得好很多。但是，职位的力量被高估了，我们经常发现，在美国的企业中，最高层或接近最高层的人像中层或基层人员一样对企业的变革无能为力。我们不愿意相信这一点，因为我们内心深切地希望企业的领导者强大，而寄希望于强大的领导者也是徒劳的，因为最高层的人像我们一样被夹在中间。

几年前在与东北部的超市连锁店 Finast（美国第一国民百货公司）合作时，我发现了这个令人沮丧的现实。在 20 世纪四五十年代，Finast 是一家占主导地位的食品连锁店，但在 20 世纪 60 年代早期，它对小型连锁店的竞争反应迟缓，这些小型连锁店的商店规模和每周的销售量都是它的两倍。Finast 商店平均每周的销售额为 4 万美元，而小型连锁店平均每周的销售额是 10 万美元，一些商店每周的销售额甚至达到惊人的 25 万美元。它们通过更大面积的店面、降价促销、低廉的服务和劳动力成本以及强势的社区推销实现了这一目标。

在20世纪60年代早期，Finast从困境中幡然醒悟，决定改变其经营方式。改变的关键之一是将更多的商品推销决策权下放到商店层面，并开始培养更有能力的商店经理。从传统意义上讲，商店经理更像是商店主管，主要关注工作安排、内务管理和部门执行总部命令的情况，这些命令以20页文件的形式列出了本周的定价和商品计划。我的员工曾是当时咨询团队的成员，他们改革了这个流程并帮助Finast将权力赋予商店经理。

在接下来的一年中，他们尝试了各种各样的办法帮助商店经理进入新的角色，包括重写职位说明书，引入基于商店销售和盈利能力的薪酬激励体系，聘用大学毕业生并向其承诺光明的未来，引入大量的商店经理培训计划，举行沟通会议，解释新角色已经在Finast的各级启动。这些努力开始使一些商店经理的角色有所改变，但整个过程进展缓慢。在评估变化没能提速的原因时，常见的抱怨是，在没有上级管理者的积极支持的情况下，我们不能指望商店经理改变自己的角色，而监督商店经理的区域经理素有专制、揽权的名声。

了解到必须自上而下进行组织变革后，我们的咨询团队开始了为期6个月的项目，重新定义角色，重做薪酬系统，并为区域经理进行参与式管理培训，而这也似乎进展非常缓慢。在我们进行培训和组织变革工作之前，区域经理经常在走进商店后，甚至在摘下帽子和脱掉外套之前，立即向商店经理传达总部下达的命令。我们告诉区域经理要更加协作、更平等地与商店经理打交道。他们理解日常授权的方式是，走进商店，去商店经理的办公室，在给商店经理下达命令之前摘下帽子和脱掉外套。在6个月结束时，我们再次评估了项目的影响力，并被告知进展缓慢是由于部门经理（区域经理需要汇报的上司是问题的根源）不愿意放弃任何控制。

了解到变革必须从最高层开始，我们开始了与部门经理为期3个月的合作计划，这些部门经理大多数是公司的副总裁。我们与部门经理及其员工进行了团队建设，重新分配了专制风格的人员，并且尝试了更精简的组织结构，将决策制定权下放到商店经理层级。因此，我们后续看到了一些进展，但仍然太慢，在3个月的合作计划结束时，我们召开了一次战略会议，决定将如何加快变革。我们得出的结论之一就是，既然我们已经与商店经理合作了1年，与区域经理合作了6个月，而与部门经理的合作只用了3个月的时间，这说明我们在各层级上花费的时间越来越少了。

我们得出的另一个结论是，由于必须从组织顶部开始引领变革，现在是时候安排与公司总裁希拉德·科恩（Hilliard Coan）的会面了。总裁已经批准并资助了我们在变革方面所做的一切，但他本人从未被视为努力改变的目标，他的行为尚未进入我们的审视范围。希拉德·科恩是一个很有魄力的人，也是业内最受尊敬的领导者之一，他被专门请来改善这家超市连锁店的经营状况。我们很有信心，在最高层，他肯定是我们问题的根源，他的转变将成为我们（和他）解决方案的源头。

我们约好了会面时间，作为变革团队的使者，我极其渴望参加这次会议，因为这是我第一次真正有机会直接与一家大公司的当权者进行密切的交流。有13 000名员工和700位商店经理直接向希拉德·科恩汇报，在他的公司各个层级工作了将近两年后，我准备与他进行一次关于他的业务的高端对话，谈谈他们的业务，以及如何利用总裁办公室及他个人的力量促使他亲自启动的变革成为现实。如果变革的推动力必须来自高层，那么我要见的就是那个"对的人"。

身着那套挺括的、自带气场的西装，我急切地赴约。一番关于天气和球赛得分的寒暄之后，我提到了这次会议的目的，也就是讨论他如何才能支持组织变革工作，他说那天早些时候他已经会见了董事会主席，董事会主席提出了一系列麻烦的小问题。我建议他也许可以通过放手门店管理大力支持我们的计划。希拉德说，主席没有给予他所需的一切支持。我敦促希拉德允许在区域一级做出某些商品的推销决定，不能等马萨诸塞州萨默维尔的总部办公室做出这样的决定。他说他们与华尔街某些分析师的关系也很糟糕，他们拒绝承认新任管理层取得的进展，股价仍然低迷。我建议我们可以与30名高级经理举行团队建设会，他表示，不仅董事会主席和分析师让他的日子不好过，而且公司自助餐厅里的番茄酱也让他感到不爽。

至此，我才意识到事情并没有像我预期的那样发展，我问了更多关于公司自助餐厅里的番茄酱的事，他说番茄酱太稀，而且水太多。我承认水分太多的番茄酱会令人非常恼火，心想自己仿佛踏进了伍迪·艾伦的电影幻境。希位德开始有点生我的气了，他说我没明白他的意思。他是对的，原来公司自助餐厅里的番茄酱是Finast的自有品牌，两周前他曾建议把产品加浓一些，以便与名牌产品有效竞争。他总是对这家老牌公司为实现哪怕是最小的变化所付出的努力感到惊讶。他认为，即使外面货架上的番茄酱仍然水分太多，至少有人可以把公司自助餐厅桌上的番茄酱做得浓稠一些。

我愕然了，我以为作为公司总裁，他应当可以随心所欲。我在公司里一直追求权力的来源，而现在公司总裁告诉我，他和我们其他人一样被夹在中间。他发现自己很难取悦上司，也很难向下属发号施令并确保他们会采取行动。与希拉德的会面最终重回正轨。经过一番讨论后，他同意越来越多地亲自参与其中，并重新评估商品推销决策权应当放在哪个级别。后来，我们也确实与他的员工进行了团队建设会议。值得一提的是，经过一个非常缓慢的开始，Finast的经营状况确实有所改善，更多的商店经理直接管理商店的经营，但这种努力为时已晚，该公司被另一家连锁店收购了。

与超市连锁店共事的经验是关键的一步，与总裁谈论的番茄酱事件体现了关于权力和授权的 3 个重要方面。

（1）即使是身处组织最高层，他其实也是被夹在中间。在一个组织中，没有绝对的权威。我们可以说管理者好像在控制着一切，但这更像是一个愿望，而不是现实。

（2）自上而下的变革发生在下属的意愿中。作为管理者，我们可以表达意图并指明方向，但许多最关键的选择都是由下属做出的。

（3）管理者的权力是不对称的，与用权威驱动开放、扩张和实验精神相比，用权威驱动加强、缩减和小心谨慎更容易实现。处于低权力位置的人愿意迅速相信最坏的情况，如果我们想向下属灌输恐惧的念头，他们随时准备着，而如果希望他们承担更多的责任并以积极的方式参与职场政治，那就会难上加难，值得为此写一本书了。

这意味着授权既是一种心态，也是职位、政策和实践的结果。作为中层的经理，我们因为培养下属的力量而变得更为强大。培养下属的方式之一就是以身作则，这开始于我们在自己的单位内创建一个创业循环，无论我们的单位是整个组织还是行政服务部地下室的编程部门。创业循环是依赖和服从循环的解毒剂，后者（依赖和服从循环）只会强化和鼓励职场政治，增加人们对脆弱、失控和无助感的体验。

经历脆弱、失控和无助是授权的对立面。当我们允许自己被身边的职场官僚环境控制时，就是趋向于以一种低信任的方式运作：我们会用“是的”表达否定，会隐瞒信息，会为了自身利益而管理关系，会使用语言粉饰现实，这样就等于在创造我们不想要的方式，“这样做有用的事实”只会加剧我们更深层的压迫感。

摆脱这种困境的方法是以一种授权的方式行事。授权意味着以下几件事。

- 感受我们的职场命运掌握在自己的手中。知易行难，这要求我们从任何意义上来说都要对事情负责。无论在什么情况下都不责备他人，我们是从根本上负责的人。
- 拥有更深层次的目标。工作不仅仅是为了还房贷。诚然，我们工作是因为必须去做，但如果我们在工作中投入更多的时间，授权就意味着我们具备有价值的目标或愿景，这可能与我们涉及的产品或服务有关，可能与我们希望创建的组织类型有关，或者仅仅与我们如何对待周围的人有关。我们可能需要花费数年的时间才能知道我们深层次的目标是什么，但若想被授权，我们必须相信它的存在。
- 现在承诺去实现目标。知道我们想做什么与承诺去做是两个独立的行为。承诺就是决定实现这项工作的目的，而不是等到条件更为有利时再行动。无论我们的上司是谁，业务发展得如何，或者如何孤单求索，我们都需要做出承诺。
- 承认并建立与同级伙伴的相互依存关系，收回之前对上司的过多关注，与自己组织内外同级的伙伴建立关系。即使有所顾虑，我们也要关注我们的共同利益。

作为管理者，我们的任务是授权自己，并创造条件让其他人也可以效仿。创业循环（见图 3-1）会帮助我们，包括调整与组织的契约、对自我利益的定义以及我们参与职场政治的方式，如果不这样做，那么摆脱职场官僚主义的可能性就会微乎其微。

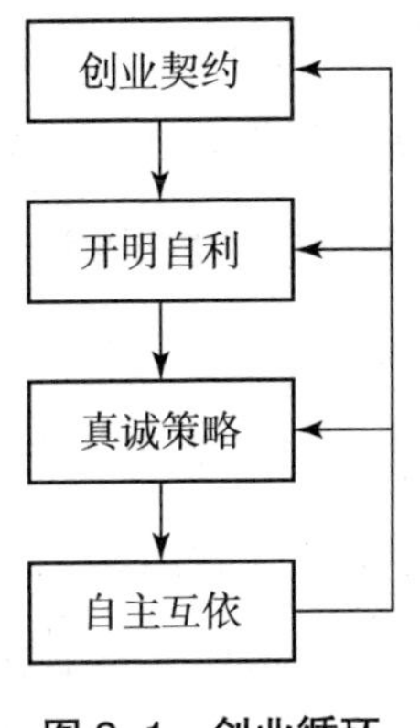

图 3-1　创业循环

创业契约

家长制契约要求我们屈服于权威，拒绝自我表达，并牺牲未来不知名的奖酬。创业契约则恰恰相反，它对我们的要求如下。

- 成为自己的权威；
- 鼓励自我表达；
- 做出承诺；
- 自主互依；
- 相信这些元素是公正的。

成为自己的权威

家长制契约将控制点放在个体之外，这与我们作为管理者所希望的恰恰相反。在创业思维方式中，最有价值的下属是为我们的组织担当最多责任的人。

如果要求人们对自己的行为和所在的组织负责，并创建一个他们自己选择的组织，那么我们就会推动决策权下放。我们的基本契约是，员工是决定哪些行动对业务有利的权力源，这意味着作为管理者，我们必须放弃一些控制权，弱化我们对下属的权力，并承认船长固然可以选择方向，不过船终究是靠机舱驱动向前的。

虽然我们可能会放弃一些控制，但遵循这条路径并不是要放弃组织结构或层级。金字塔结构仍然以积极的方式使我们专注于意义和目标，并提供运作的架构。实际上，员工与组织之间的契约表明，员工对自己的行为及所在组织或项目的成功负责。我们不断地寻找沟通的方式，用来说明人们在这里工作是为了让业务更好而主动做出的选择。

如果我们很想得到内部权力，可以采取下列方式。

（1）如果我们想采取一些激进的行动，就把金字塔倒过来，即把最基层的人们放到顶层，把自己放到底层（见图 3-2）。这样的概念表达了管理层的主要使命就是支持员工服务客户的意图。

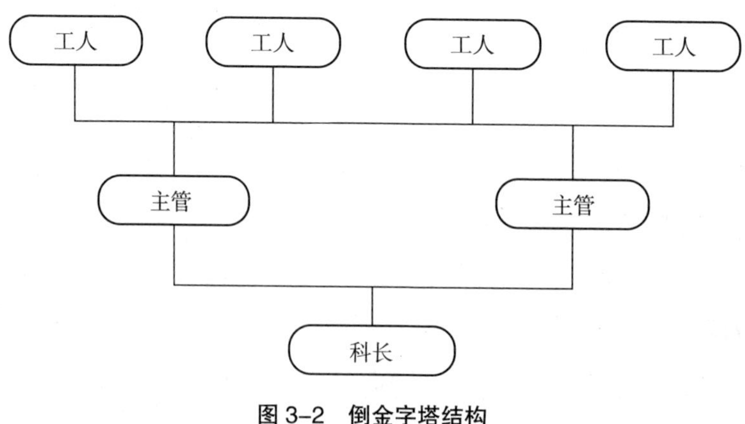

图 3–2　倒金字塔结构

（2）如果倒金字塔结构太过激进，那就扁平化（见图 3-3）。极端的官僚组织有一系列的级别，而且每个人都有一个下属。

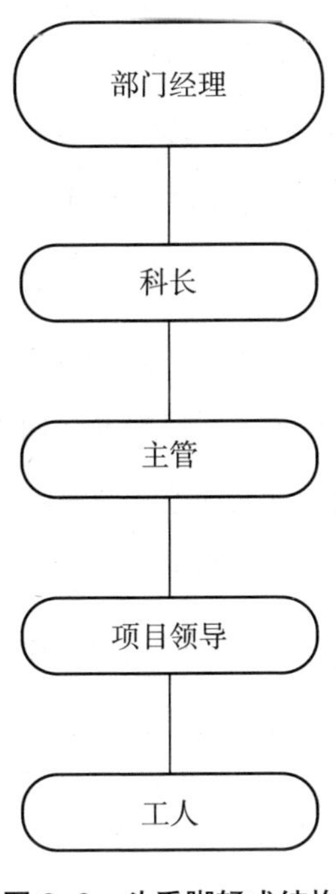

图 3–3　头重脚轻式结构

组织的成功建立在每个人的成功之上，传递这样理念的方式就是创建扁平化的结构，取代金字塔结构，采用薄饼式结构（见图 3-4）。

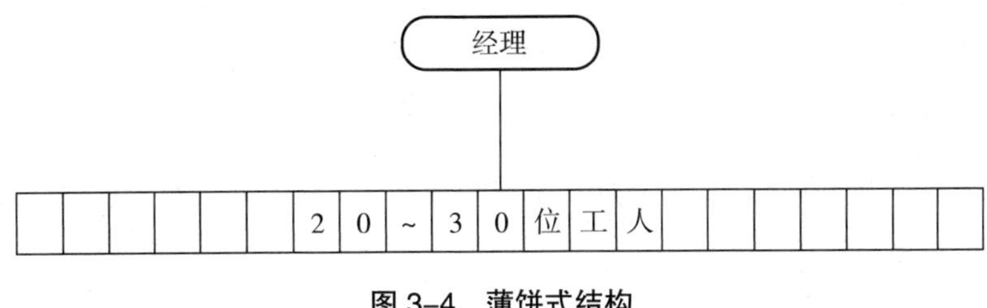

图 3–4　薄饼式结构

我们回过头来看看 Finast 的努力，最终认定，培训或重新定义工作都不能使区域经理放手让商店经理去管理。于是，取而代之，公司让每个区域经理负责 40 家商店而不是通常的 13 家，因为负责 13 家商店的情形是，区域经理实际上能够每周访问每家商店一次或两次，而负责 40 家商店时，区域经理每周也就可以访问 15 家商店，这样，每周至少有 25 家商店可以自主管理。

每个组织都有关于一个主管可以管理多少下属的神话。一般来讲，15~18 人被认为太多，大部分数据估计，5~8 人可能是恰当的，只有当主管的工作主要是为了保持控制时，限制下属的数量才具有意义，而当主管的工作是推动控制权下放促使人们成为自己的权威时，谁又知道管理幅度的极限是多少呢？

当然，薄饼的扁平程度是有限的，所执行任务的性质不同，其结果可能会有天壤之别。那些更复杂、技术性强和不稳定的工作，需要一个较小的团队和更大的监管团队介入以提供支持与教导。此外，当监管被取消时，则需要对下属的个人发展进行更大的投资。然而，一切的重点在于，使组织结构体现出让人们按照自己内在的权威行事的意图。

（3）更改“主管何时该管”的基本规则，让主管的角色变成“顾问”，并且“非请莫管”，由下属决定何时让他们的主管参与进来。对主管来说，这可能感觉像无政府状态，但如果一个下属有明确的目标和责任，那就行得通。这是确认权威来自内部的另一种方式。

（4）平衡绩效评估过程。扮演裁判并不容易，为什么不停止尝试呢？让每个人负责进行两次评估：自己的和主管的评估。例如，作为一名下属，我评估了自己在实现目标方面的表现，并且评估了我的主管在支持方面以及完成她自己的目标方面做得如何，这将有助于平衡一些权力，并且表达我和主管对彼此的成功拥有共同利益的信念。另一种选择是完全消除绩效评估，代之以同僚之间的彼此承诺，以及每隔几个月对他们工作状况的评估。

（5）引入自我管理团队实践。许多地方尝试过自我管理团队并取得了巨大的成功。[①] 基本上，由团队而非主管负责人员的甄选、日程安排、任务分配、设备购买和质量控制，主管的头衔有时会改为区域经理，他们负责定义产出的要求，并为了获得团队所需的资源而与组织内其他部门协商。

（6）鼓励团队成员发起并主导会议。员工会议就是组织生活的“家庭晚餐”，具有象征意义，因为那可能是部门人员悉数在场的唯一时间。在员工会议上，不仅会上谈论的主题会影响我们对部门的态度，会议的规范和程序在更大程度上会影响我们对部门的态度。我们应该让员工会议的召集、组织和管理成为每个人的责任，即使是远程和线上会议也同样如此。

（7）视任务为双向契约。从传统意义上讲，任务由上司给出，下属提问澄清并去执行。在这个过程中，只有一方，也就是上司的需要得到了表达，最高效地完成工作需要通过社会性契约使双方的需要都得到表达。上司说：“这就是我想要你做的，现在告诉我，你想要什么。”这句话看似简单，但它抓住了社会性契约的精神本质。

上述只是一些举措，用来表达创建授权型文化的举措对企业多么有利。在某些方面，大多数人已经在朝着这个方向努力。在理想的情况下，我们希望这个意向贯穿始终，但大多数时候，我们的做法是，在清晨将人们视为“伙伴”，而午后又待之如“孩童”。

鼓励自我表达

创业契约的第二个要素与自我约束和自我表达有关。家长制认为，对于建立一个强大的组织来说，自我约束至关重要，人们感觉如何则无关紧要，组织不是一个讲情怀的地方，在组织生活的理性领域中，情感和主观色彩并无立足之地。

---

① E. E. Lawler，High-Involvement Management（San Francisco: Jossey-Bass，1986）.

我们为这种态度付出的代价是我们打击了人们的积极性、浇灭了人们的激情和限制了人们对组织的关心。事实上，所有的商业活动都是个人化的，人们非常关心自己的工作和周围的人。我们都需要在自我表达、相信直觉、接受我们存在的情感方面得到支持。当我们拒绝自我表达时，系统就会趋于单调、灰暗，缺乏激情和兴奋。

创业型组织旨在创造一种环境，让人们将激情、活力、兴奋和动力投入工作当中。大多数时候，经理谈论着如何点燃员工的工作激情，就好像激励人是管理的一项特殊任务，其实不然。人们拥有想要自我激励的能力，管理的任务是支持其发生。组织过于复杂，无法完全预测并按计划运营，我们需要的是能够适应不可预测的情况、非常规的情况且可以满足独特的客户需求的人才，富有能量、动力并心系组织利益的人才，这需要引入直觉，需要倾听人们对正在做的事情的感受。

用语言表达我们的感受，包括在工作中发生的对项目和人员的感受，这是对“我们是谁”“我们的立场”以及“我们的体验”负责任的行为。如果人们不先将自己的需求和感受用语言表达出来，那么让人们对自己的生活和行动负更多的责任就没有意义。这两件事处于动力的核心，处于责任、焦点和行动的核心。没有什么能比一位经理向员工提出以下两个朴素的问题更能支持他们的创业精神了，这两句话就是“你需要什么”和“你感觉如何”，这是对人们需要感到自己的行为对组织的成功至关重要的响应。

我们对鼓励自我表达存在的恐惧是，组织最终会成为一个大的投诉场和治疗场。人们会花时间只谈感受，而不是承诺采取积极的行动。当我们从不支持自我表达的文化转变为支持高度自我表达的文化时，将会有一个颠簸的过渡期。毫无疑问，在屡屡被拒绝表达之后，人们会花大量的时间和精力谈论感觉、直觉和工作的主观部分。我们为鼓励自我表达而付出的代价是短期的效率低下，这个过渡需要更多的时间，从表面上看有失重点和管控，而回报是每个人为工作带来的更高水平的动力、精力和承诺。

鼓励自我表达的另一种挫败感是，当我们询问人们的感受时，许多人并不知道自己的感受。我们的文化、成长经历和学校教育都在鼓励压抑自己的感受，如果我们问某些人："你感觉如何？"答案是沉默或者是一大堆对外界事物理智的想法。我们想要带给工作场所的一种独特的品质，就是了解并表达自己的感受和体验的普遍能力。大多数组织文化认为，这是一个劣势，而我们应该将"了解员工的感受"视为企业的资产，并在所有员工中支持这一点。

在要求组织支持将自我表达作为商业经营的一种方式时，不可避免地会发生一场斗争，并且在某些情况下这场斗争会失败。没有一个系统会对所有人都行得通，与其创造一种文化回应那些自我封闭的人，为什么不创建一种文化支持我们从人们身上得到最好的东西呢？

制定鼓励自我表达的行动需要决心，需要询问人们的感受并耐心倾听其反应，需要暂停我们改变别人的本能冲动，这意味着我们不一定认可或不认可这样的感受，但需要承认别人的感受真实存在。倾听下属表达对某些事情的沮丧是一件难事，尤其当他的那些沮丧不是我们想听的，或者与我们自己的经历大相径庭时，我们必须不断地告诉自己不要介怀，没什么需要防备的。

除了向人们询问他们的感受和更好地倾听，我们还可以采取其他两个措施强化创业契约的自我表达元素。

（1）用 25% 的会议时间专门谈论态度、士气和动力。通常，我们打算利用一部分会议时间讨论一下事情进展如何，但总会把它放在议程的最后，而且从来没有真正地实现过。所以，现在开始以此作为会议的开场白，鼓励表达，简单的程序安排是要求参加会议的人思考并找出在过去两个月内令其感到骄傲和难过的事情，目的是将他们在休息时间、拼车时间、鸡尾酒室和午餐厅的讨论带入会议和“商业”讨论。这样做既可以使自我表达合法化，又可以确保合适的人在房间里听到这些话。

（2）尝试一种“自己动手”的态度调查。最常见的检视感受的方式是进行态度调查。虽然此类调查可能有助于将感受写在纸上，但以传统的方式进行调查存在些许局限。从传统意义上讲，调查方法采用第三方访谈或问卷调查。问卷调查结果有数据支撑，令人感到欣慰，但是它会给人一种客观性和测量值的假象。第三方访谈具有类似的好处，但两者的问题都在于很难知道基于调查结果能做什么，因为第三方调查充其量就是主管和下属之间进行讨论的基础，那么为什么不要求主管自己进行访谈从而开始讨论呢？反对这一做法的观点是，那样会失去保密性，但这正是调查的目的所在，即消除保密和谨慎的需要。你一次、两次向下属询问事情的进展时，他们可能不完全信任你，不会给出一个诚实的答案，但如果你不断地询问，他们最终会相信“你真的想听到”并且告诉你。这么做的想法就是让这些更亲密、人性化的对话成为商业经营的常态，而不是一年一次的特别事件。

这些简单的步骤可能与你期望在本书中找到的精明、实际的职场政治技巧相距甚远，但它们确实是职场政治行为，是倡导替代家长制契约的行动，与大多数人司空见惯的文化背道而驰。支持自我表达是一种创建自我纠正机制的方法，它可以防止发生不符合人或组织利益最大化原则的行为。鼓励表达感受也是一种让人们知道送来坏消息的使者可能会遭遇不满但不会被干掉的方式。

做出承诺

创业契约的第三个要素是要求承诺而不是牺牲。对某事做出承诺，即我要做自己所信仰的事情、想做的事情，并且承诺将按照自己的选择去做。大多数时候，我们做出牺牲以回应外部的要求，并通过必需的陈述解释这些行动。牺牲型契约的本质是做我们责无旁贷的事情，并且不断地使用“不得不”这样的词语。

另一种选择是谈论“我们想做什么”。当我们让人们做出选择并对他们的行为负责时，就是让他们坦承自己的需要。我们不求关照，不要牺牲，因为要求关照的潜台词就是说：“我希望你做一些你不想做的事情，但请为我而做。”在那个时刻，我们要求人们将其行动建立在外部动机上，这导致了人们的依赖心态。为了创建一个重视选择和相互依赖的组织，我们让人们做出选择，开诚布公，直截了当，让他们对正在做的事情做出承诺。如果这不是他们想要做的事情，那么我们就继续展开讨论。

致力于做我们想做的事情并不是自我放纵或自我授权，需要再次重申，我们必须相信人们是关心组织的，是致力于实现组织目标和宗旨的，是希望贡献一些有意义的价值的。如果我们相信员工希望组织取得成功，那么就有理由让他们加入负责创建组织文化的行动中，而这来自有关承诺的对话。

人们仍然需要履行义务。生活就是这样，毫无疑问，我们以工作为生，有时我们必须做一些我们不情愿做的事情，但我们仍有可能做出选择，并承诺从事无趣无聊的日常工作，甚至是完成痛苦的任务，因为我们知道那是服务于正确的目的和远大的目标。我们在放弃牺牲心态、鼓励人们做他们承诺的事情时，存在一种担心，那就是人们会各行其是，不把组织的利益放在心上。这是关于人性的一个预测。

我们也可以认定人们想要关注更大的目标并希望有所作为。凭此信念，我们就可以让人们认真地思考他们想要承诺的事情。从内心产生的选择和承诺会使人们感觉自己对结果更为负责。没有比来自内心的压力更大的压力。作为管理者，我们的任务是鼓励人们对自己提出要求。

我们为要求别人做出牺牲而付出的另一个代价是，当人们做出牺牲时，他们就会期许某种回报。牺牲行为会让管理者欠人情债，会成为管理者与下属之间一笔隐性的交易，其背后的潜台词是："我现在会为你牺牲，但你最好在之后照顾我。"当他或她之后意识到牺牲本该去做且无额外奖酬的时候，他或她的内心就会产生深深的怨恨。当我们要求人们做出承诺并做出选择时，他们是为了现在而做，没有隐藏的讨价还价，没有人情债。做出承诺的行为给人们正在做的事情赋予了意义，承诺本身就是对自己的奖励。除非你是一个受虐狂，否则牺牲总是取决于某种永远不会兑现的回报。

授权的核心是孤注一掷的选择。在这个世界上，没有人能凭借责任感和牺牲精神就走上了一条冒险之路。承担风险并创建自主选择的组织，这样做唯一的理由是出于对信仰的承诺。从某种意义上讲，这是你"必须做"的事情，但这种"必须做"来自内心，而不是外界。要求人们因为职责所在或者对其他人有好处而去承担风险，这样做不仅过分，还不起作用。

最后，专注于承诺文化而非牺牲文化，就是直面工作场所中存在的恐惧感和无助感。陈述我们的需要，承担责任，并奉献自我，这就是克服无助感的方式。我们常常得不到想要的东西，但从某种意义上说，它并不重要。无助感和低能耗的牺牲源于未能表明立场并声明我们想要的是什么。我们授权于自己和周围的人，强迫自己提出这样的问题："如果这是我们必须完成的事情，为了完成它，你需要我和其他人做些什么？"

以下是一些用承诺取代牺牲的具体举措。

（1）最简单的做法就是专注于我们和周围人的需求。这对于话题跑偏的会议讨论来说尤其有用。当我们陷入讨论过往、防御自保、指责他人并纠缠细节时，就如同堕入迷雾，这时就要问这个问题——"你想要什么"。如果人们不知道他们想要什么，那么就问这个问题——"如果你确实知道想要什么，那会是什么"。

（2）给予人们拥有感。我们对拥有的东西才会承诺，而牺牲本身是一种剥夺拥有感的过程。当我们做出牺牲时，等于放弃了自己的一部分或者失去了自我。

当我们给予他人为了达成结果而选择的自由、为了全然投入一番事业而自主构建工作的自由时，我们就创造了拥有感和承诺行为。

（3）直面并阻止被动的、非自我肯定的行为。被动行为是一种极端形式的压抑，是家长制的必然产物。被动的人将保持沉默作为一种策略，用这种策略获得他们想要的东西，被动行为往往令人们对沉默的人感到内疚或抱歉。我们必须不断地提醒自己，被动是一种职场政治行为，是追求目标的一种立场，人们远不及他们看起来那样脆弱。

（4）为了创造伟大的愿景并探索可能性，要求下属为了个人和团队同样去做。对于创造伟大的愿景，我们将在第 4 章中讨论，但现在，当我们确定了自身和所在部门想要的未来时，便足以知道我们对生活拥有了自主权。我们最重要的承诺是选择活着，选择交给我们的命运，并选择追求这一命运。当我们为部门制定愿景并决定不惜一切代价追求这一愿景时，这些选择就会在工作中表现出来。

从某种意义上讲，这些举措不足以完全说明有关承诺的问题。事实上，建立责任感或做出承诺正是本书的全部意义。然而，这些举措确实为我们提供了如何聚焦注意力的一些线索。

互依而行

人类是相互依存且注重关系的生物，光凭一己之力做不成任何事。为了实现对追求伟大和探索可能性的愿景，我们需要其他人的支持。用户和供应商需要我们，主管需要下属，员工需要同侪，我们都是创建这项事业的合作伙伴，这样的想法完美地表明了相互依存和彼此合作的重要性。玛氏食品和饮料公司一直称其员工为“伙伴”，以此表达“所有人都在一起”的情感，它的主导价值观是相互关系，向创业契约迈进，将自身利益定义为贡献和诚信，员工即便是与上司打交道也要平等行事。授权意味着将生存掌握在自己的手中，并要求我们时时作为相互依存的伙伴，这将是我们在第6章中再次讨论的主题。

相信创业契约的要素公平合理

相信创业契约的要素公平合理，就是相信真正的权力来自内心，来自同侪，相信自我表达并做出承诺对业务有利。我们决定建立一个基于人性积极面的组织，而秉持只有强大的外部权威、克己与牺牲才对业务有利的信念是基于人性阴暗面的立场，而且这种信念通常打着“现实”的旗号出现。有充足的证据支持这两个不同的立场，因此采取哪个观点实际上是我们每个人的选择。在这个世界上，确实存在着邪恶，一些人经常为了选择个人利益而放弃集体利益，包括我们自己在内，但与此同时，我们也看到另一些人不惜付出个人利益而选择集体利益。我们采纳某个观点是基于自由意志，而非迫不得已。鉴于这两种情况都存在，我们为什么不与员工建立创业契约呢？诚然，放弃一些权威、倾听人们的感受、处理人们想要做的事情，我们会为此付出代价，然而事实是，我们会为谈判形成的任何契约付出一些代价。

我们当中的许多人相当乐于为最佳员工提供创业契约，赋予他们更多的权力、自我表达的机会和自由度。对表现平平的员工，我们的期望偏少，得到的也偏少。要求每位员工对业务负责，久而久之，这将创造一种更高绩效的文化。创业契约向人们提出了很高且难以实现的要求——官僚型的员工对这样的要求难以忍受。不想承担责任的人会找到避免责任的方法，那就让他们另谋高就去吧。如果想选择官僚主义的道路并以传统的方式继续混迹职场，我们有很多地方可以去，而决定在自己的组织中创造一种独特的文化，我们则需要将信仰付诸行动。

开明自利

当我们将自身利益定义为追求安全、控制、升迁、被认可时，官僚主义的经营方式几乎无法避免。当我感到组织以某种方式拥有我，并相信在组织中晋升有助于职业发展和获得自尊时，就会产生负面的职场政治。在一个几乎没有自主权的组织体系中，感觉被授权的主要手段就是职位晋升，员工被迫以操纵的方式行事。

所有人都希望在行事方式上体现更多的真实性和非操纵性，但不确定能否沿着这条路取得成功。我们常常看到周围发生的操纵现象，事实上，它在组织文化中根深蒂固，有时我们几乎不知道自己在操纵。在职业生涯早期，我们的主导愿望是在操纵方面做得更好，这被称为“职场经验老辣”。我们力图了解规则并希望以此为生，当遇到一位熟谙驾驭组织权力之道的主管时，我们都深怀感激。这一切最终的合理化解释是，操纵策略确实有效。

要打破导致操纵的循环，我们需要重新调整看待自身利益的方式，发展出新的思维方式，即认识到我们的主要自身利益必然与企业和周围人的自身利益相互联系、相互依赖，我们工作的主要目的就是建立一个自己选择的、自己相信的组织。如果以一种连自己都怀疑的方式在组织中晋升，我们就会面临危险。我们常用一个信念来合理化自己的行为：当达到更高的级别或承担更多的责任时，情况就会有所不同，这样做的风险是破坏了我们的首要目的，虽然可能达到个人的“成功”，但转而支持一个原本想要改造的环境，在此过程中，我们失去了一部分自我。因此，如何取得成功与能走多远同样重要。

如果我们选择首要服务于组织，而将个人的晋升置于次要位置，那么真正长久的自我利益将更容易实现，这不是一个道德范畴的问题，而是一条通向授权的实实在在的路径。以服务于组织为驱动力是开明自利的本质，也是积极政治的核心。开明自利涉及几个方面：追求意义、贡献与服务、我们将事业视如己出、诚信以及对其他人的积极影响，最后才是掌控。

追求意义

我们决定参与对我们有意义且真正被需要的活动。与关注过程一样，我们同样关注目的。工作部门表达了我们应当对组织做出哪些贡献的价值观，我们停止参与旨在保护自己、解释自己和“总提当年勇”的活动，尽量减少对那些“控制人的人”的控制，减少旨在进行定位和重新定位、推销和合理化方面的努力，不再处心积虑地思考与谁见面、何时见面，不再参与带着保护主义、小心翼翼、谨小慎微色彩的所有活动。我们将命运置于风中，为所在部门做有意义、有深度、有实质价值的事情，即使不会赢得周围人的认可或祝福也无妨，因为我们致力于追求的是实质意义而不是形式主义。

贡献与服务

我们决意从事真正贡献于组织及其目的的事业。每个组织对业务都有自己独特的贡献，每个人对所属的组织也有其独特的贡献。当我们把注意力集中在那些对企业具有独特价值的事情上时，我们的自身利益会得到最大的满足。如若哪些事情不服务于我们的业务，不服务于我们的用户和客户，那么我们断然不会做。我们减少了花在监督管理和聘请外部顾问上的时间，以证明我们的决定。我们专注于服务，在给予上多多益善，在保留上少之又少。当涉及信息时，我们希望尽可能多地分享；如果必须做出决定是否采取行动使自己的组织看起来很好，而不是其他组织看起来很好，我们选择后者。

我们将事业视如己出

如果这是自己家的事业，我们不会希望业务单元之间出现对抗、竞争和破坏行动，不会希望人们只是为了“看起来很好”而做事，而是为了给业务和用户带来意义而做事。以服务为导向会让我们将其他业务单元视为客户，我们不会使自己的老客户恼怒，而在许多组织中，“其他单元”被视为“敌对者”。例如，研究部门通常认为，市场营销和制造部门不可理喻、很难共事；市场营销部门则以相当消极的方式看待制造部门和研究部门，认为制造部门缺乏灵活性、反应迟钝，同时认为研究部门在追求卓越、优雅和新发现的过程中浪费时间、太过任性；反过来，制造部门认为研究部门完全不懂如何以合理的成本和可预测的方式设计产品，还往往认为市场营销部门夸夸其谈，既不能做出决断，也不能获得足够长久的盈利。

无论在企业、医院、教堂还是在学校，这些敌对的态度在每个美国组织中都很常见，在某种程度上甚至是不可避免的。我们希望不同的职能之间存在一定程度的紧张关系，我们希望它们以不同的方式看世界，如果每个职能都各行其是，这必然会导致一些冲突。然而，在冲突之下更深的层次上，我们需要每个业务单元作为合作伙伴服务于其他职能。从某种意义上讲，市场营销部门可以成为制造部门和研究部门的客户，研究部门将制造部门和市场营销部门视为其客户，它的定位是服务客户并为其提供独特的贡献。学校系统的中央办公室可以将每栋建筑视为合作伙伴，甚至是客户，而不是竞争对手，将其他单元视为客户迫使我们优先考虑它们的要求。

当专注于贡献和服务时，我们就可以放弃司空见惯的职场权力斗争。实际上，生活在官僚组织中，最大的挫败感是看不到为组织贡献真正价值的清晰途径，这种无助感比被上司漠视自己的渴望和需求来得更甚。

诚信

所有人都会有意无意地心生这样一种恐惧，那就是我们无法在维护自身诚信的同时仍然受到重视和取得成功。我们认为，如果我们先站起来，就会“中弹”。人们普遍认为，如果我们传递了坏消息，末日就会到来，曾经在希腊人那里上演的一幕也会在我们身上重演，那就是人们射杀了带来坏消息的信使。

从本质上讲，在组织中保持诚信意味着实事求是，将我们看到的如实说出来，告诉人们业务单元内部以及外部的真实情况。诚信不是一个道德问题，也不是有关欺诈的问题或法律意义上不诚实的行为，而是我们能否说出看到的事实真相，做出我们可以兑现的承诺，承认我们的过错，并且认可真实的行为最利于事业的发展。

诚信行事打破了一直统治组织的那个神话。几乎每个组织都有一个人因为站出来而被“射杀”的故事，这个人强烈地坚持个人信仰，却因此被解雇了。听到这些信息，我们应当尝试研究一下这个人是谁，他的信仰是什么，事件发生的时间以及究竟是谁解雇他的。但是，通常的情况是，你很难找到这些事实，往往那个被解雇的人不知道是谁，事件也常常发生在四五年前，跟你聊这件事的人当时也不在场，然而，大家却坚信在这个地方，如果你站出来告诉别人真正发生了什么，你就会被解雇。

具有讽刺意味的是，将军们像士兵们一样被这样的神话禁锢着。作为经理，你很难确切地知道究竟发生了什么，你会得到各种不同版本的故事，永远不知道哪些是真实的。当人们向你报告项目和活动情况时，你永远无法确定他们是在描述真实发生的事情，还是在以证明自己无辜的方式进行表述。

当我们选择认为诚信完全符合自身利益时，就打破了那些人们因诚信而被解雇的神话，这并不意味着选择诚信会带来安全通行的保证，人们还会因此被解雇，正如在本书的开篇中你读到的关于艾伦的故事，看起来他在一个高受控的环境中成功地创建了一个富有创业精神的部门，他本来已经实现销售目标和利润目标，却意外地发现自己需要另寻生路。乍看之下，貌似是企业的偏差导致了他的出局，但在与他本人及身边的人长谈之后，我们发现似乎并不是他的愿景与别人格格不入的缘故，而是他在追求愿景的过程中表现出的自大和强势使他陷入了困境。艾伦的优点在于，他追求创业组织这一愿景的勇气和专注，弱点在于他过于强势并且对异己不屑一顾。传统的刻板印象认为，企业家是那些在商场上有着夺冠之心但人际关系处理能力很糟糕的人。当我们以牺牲他人为代价宣称自己的诚信时，就冒了被解雇的风险。我们告诉全世界将如何坚持信仰的立场，但这样做贬低了其他人。只有当我们以不贬低他人的方式坚守自己的诚信时，我们的自身利益才能得到最大的满足。

有人不赞同对周围的人应当更直截了当、清楚明了，他们认为这样做成本太高了。每个人都有过这种经历，即使我们以一种不错的方式采取直截了当的做法，但仍然会受到惩罚。这时，有人就会得出唯一的答案是："是的，组织就是不公平的。"我们的确有时会因为积极作为而受到惩罚，但其实那时无论做了什么，我认为都会受到惩罚。如果我注定要中弹，那么子弹可能早已离开枪膛向我而来，留给我的问题是：当子弹到达时，我要挺直站立，还是弯下身去。

对其他人的积极影响

所有人都非常关心同事和周围人的福祉。关于如何对待他人，每个人都拥有强烈的个人信仰。不过，许多工作环境中都存在某些东西，让我们以做成事情的名义而搁浅自己的信仰。有大量的智慧告诉我们，不要与周围的人走得太近，因为有一天我们可能不得不解雇他们；也有人告诉我们，不要因言语得罪了同事，因为有一天我们可能不得不做他们的下属；更有观点认为，如果我们与其他人太过亲近，就会在某种程度上阻碍我们做出客观的决策。抱着这样的观点，我们就会认为与他人的关系亲密、开放会与软弱和主观挂钩，此中的担忧是，如果与他人走得近，就将破坏我们保持客观的立场，我们会做出因为保护这些亲密关系而牺牲事业的决策。

所有这些信念都是对"己所不欲却施于人"的合理化，它们基于一种非常狭隘的观点，即在组织中什么是可能的，在人际关系中什么是可能的。基于这样一种观点，即人际关系相当脆弱且不堪一击，我们就没有余地去诚实待人。按照这种观点，组织中的关系，尤其是与领导者的关系几乎无宽恕可言。事实恰恰相反，要让他人直面正在发生的事实并不是一种暴力，而是一种慈悲之举。我们在组织中待人的方式很糟糕，主要表现为疏忽和缺乏沟通。我们用这样的说法来为有所保留和谨小慎微辩护："我不想伤害他们。"事实上，这是一种残忍的组织行为。对于不了解我们对其项目或行为看法的人来说，这是有所保留的，是一种官僚行为。

谈论不在场的第三方不是一种明智的行为。关于不在场的某人的私人谈话远比实际的直接交流要多得多，这就是多年来绩效评估异常失败的原因。他们要求，在指定的时间，人们必须真正、直截了当地说出彼此对绩效的看法，并谈论组织对他们的看法。这种对话的深度、质量和亲密度违背了一年中其他 364 天的主导规范，要求人们每年这样做一次，实在是勉为其难。

对他人的生活产生积极影响的另一个方面与我们提供的产品和服务的性质有关。作为职能部门的人员，我们需要确定哪些服务对他人具有真正的价值，我们的部门需要成为由用户（客户）驱动的部门。如果我们提供的服务或产品并非真正有用，或者对用户来说并未产生积极的影响，那么我们应该停止提供这些服务或产品。当你听到自己为了某些不在场的人和事的利益而进行合理化时，那就是一个信号，提示你所做的事情违背了自己的信念。

精通

有一种骄傲，就是你比任何人都了解本部门并精通本职工作，精通程度甚至超乎想象。走出官僚循环的最快方法之一就是尽可能多地学习你在做的事情。学习和表现密切相关，表现出色的人通常是那些学得最快的人。

为了事情本身而做事，总能实现你的最佳利益。如果执行一项职责，只是因为必须要干，而且必须有人这样做，这表明你正在做的事情可能并不值得，开明自利的决定性要素就是做那些让你成为最佳自我的事情，并让这本身成为回报。仅仅因为别人想要你做而去学习或做事，再怎么说也只是一个弱动机，它带来的将是微不足道的回报。

回报

开明自利定义的强大之处在于它将我们的工作、使命感和授权感置于自己的掌控之中，追求精通、意义、贡献、诚信和服务，就是走一条不需要被上司认可或给予掌声的路。这是发现和主张自主权的唯一方式，即使在创建依赖性的组织中也是如此。如果我将自身利益定义为赢得认可或被人照顾，就是为自己规定了一种从属依赖的生活方式。贡献、服务、意义、诚信和以积极的方式触动他人，这是靠自己就能做的一切。

要求人们放下在组织中升职的强烈抱负，为了更大的责任和企业的利益而让他们放弃自己的渴望，是一种苛刻的要求。在创建一个创业型组织的过程中，没有什么比要求人们放弃这些由来已久、世俗流行、根深蒂固的雄心壮志更困难的了。美国组织设计了 1 000 种方法鼓励人们将自身利益定义为升职。我们的文化对成功的定义是社会地位、服饰、珠宝、船艇、旅行以及所有让我们感觉良好的东西。

商业文学作品强烈地暗示了幸福只存在于塔尖，商学院仅从首席执行官、首席财务官、营销或人事干事的角度讲授商业，意味着这些才是唯一与成功有关的工作。以激发创业精神文化为名，我们要求人们至少远离这种自我利益的定义，并将重点放在他们的事业上，将事业视如己出。拥有了自己的企业后，你将无处可去，因为处于企业塔尖的人们无须职业发展。我们要在一个组织中拥有创业精神，就好像职业发展是次要的，而只专注于产品、服务以及交付方式，这是一个激进的要求，但绝对必要。

选择开明自利而不是升职会面临一个问题，即前者是一个长期策略，而我们倾向于活在当下。大多数组织的主导规则是，说的是长期的一套但做的是短期的行为，将自身利益定义为升职是短期导向；组织中充斥着短期行为，长期效益的行为不易被看到，创业精神和积极政治意味着我们必须感受到这是我们的长期事业。事实上，短期行为可以保证的也只是一个很短的期间，它往往被用来把我们不相信的事情进行合理化。

还有一个论点支持开明自利。一个明显的神话就是我们的职业发展与工作表现直接相关，我们希望如果表现良好并遵守规则，就能得到认可和奖励，而现实世界并非如此简单、直接。实际上，我们在组织中的升职往往更多的是随机模式，而不是简单地对高绩效的激励。有时，我们的工作效率很高却无人知晓；有时，我们的工作完成得差强人意却得到认可。主管每两年就轮换一次，所以我们不断地重新开始，谁知道新上司想要什么、想从我们这里得到什么。

真诚策略

对传统组织政治的操纵策略而言，真诚的行为是一剂良药。真诚的行为仍然是政治性的，因为它们是一种倡导形式，也是建设性力量的源泉。

根本性的策略是确保所在组织成为整个大型组织运作的标杆，我们都有一套价值观并希望大型组织能将其体现出来，也都有对所在组织美好未来的愿景，这个愿景关乎我们如何与用户和客户合作、如何在内部运营、如何与其他组织合作，还关乎产品或服务的质量标准。

其他人看到我们的行为会受到影响，所以当我们的行动与所在组织的愿景保持一致时，我们就拥有了最大的政治影响力。在大多数情况下，所在系统的行为与我们对产品、服务或作风的理念背道而驰，行为与承诺的不一致破坏了我们的信誉，专制型管理者最好承认他们想要的是控制而不是对参与式管理的失败尝试。

所有这一切使我们专注于所在组织的表现，而不是分心、焦虑于上司或其他团体。我们无法控制组织中其他部门的运作方式，只是对下辖的团体有一定的控制权；我们把自己的事情做好看起来不是一个宏伟的目标，但这是我们能做的最实际的事情。

更具体地说，有一些行动将有助于摆脱操纵，并使我们转向更具创业精神的管理方式。我们可以采取以下 4 种基本方法避免被操纵，并做到开诚布公。

（1）想说“不”的时候就说“不”。

（2）尽可能多地共享信息。

（3）使用描述现实的语言。

（4）避免为了被接纳而重新定位。

想说“不”的时候就说“不”

不再因为害怕被拒绝而含糊其辞，要让别人清楚地知道我们的立场。别再虚与委蛇说什么“保持联系”“预算太少”“需要进一步研究”或“某些事情是个好主意但时机不对”，别再承诺我们明知无法满足的时间表、无法达到的质量水平或能控制的成本水平。大多数人都害怕说“不”，认为那样可能会被视为不合作或不担责，而这恰恰是我们需要冒的一个风险。当我们不愿意在项目早期就表明立场时，太多的资金会被浪费，太多的期望会被打击。我们的榜样应当是 6 岁的孩子，直言不讳，明确表达同意或不同意、喜欢或不喜欢、行或不行。6 岁以后的教育、经历教会我们，在传达真实意图时要谨慎，如果不能说“不”，那么就让我们说的“是”毫无意义。

尽可能多地共享信息

军事概念认为，只有那些“需要知道”的人应该知情，而尽可能多地共享信息恰恰相反。我们的目标是让人们尽快地了解我们的计划、想法和变化。当我们考虑重组时，我们应当立即告诉人们，而不是等到计划完全制订之后。如果一个项目落后于计划，我们要如实地告知用户。大多数主管认为，他们有一部分职责，那就是保护下属不受来自上层的坏消息的影响。当我们保护员工时，我们就像他们的父母一样对待他们。如果我们试图创造每个人都对企业的成功负责的思维模式，那么人们就需要完整的信息。我们需要将下属和上司视为合作伙伴而不是儿童和父母。众所周知，如果我们向合作伙伴隐瞒信息，就会把我们的关系置于危险之中，那么为什么不像对待合作伙伴那样对待我们的上司和下属甚至是客户呢？这听起来很合理，也很直接。如果真的决定采纳这种理念，那么我们可以在许多方面开始做一些事情。

财务信息。共享拥有的所有信息。举例如下。

- 让所在组织中的每个人都知道预算情况，让小组成员看到每个部门的分类和明细。在一年中，告知他们本组织完成预算情况如何，甚至向他们分享特定工作之外的一些信息。
- 使销售预测众所周知。每日、每周、每月共享销售数据。
- 共享成本数据。让每个人都知道提供服务或制作产品需要多少成本，甚至有必要的时候可以向客户提供成本信息。想想看，如果一位新的汽车经销商向我们提供有关新车成本和价格的真实信息会怎么样，我们可能会成为该经销商的终身客户。
- 分享工厂、部门或整个组织的损益数据。在非营利或公共领域中，分享收入和预算信息。事实上，大多数员工不了解他们所在部门或所在组织的经济现实。

职业发展。为员工提供关于他们当下的工作状况以及评级方式的确切信息，解释评级系统和薪资范围。如果员工的表现或潜力以颜色代码体现，那么就告诉他们对应的颜色是什么，无论他们是否索要，我们都要主动提供这些信息。很多公司只会在压力下才分享这些信息，这样做可能会在短时间内捅了一个“马蜂窝”，但这是走出家长制最快捷的方式，能够建立起“我会关注你的最大利益，相信我，相信我”的关系。

对外发布所有的工作职位。许多公司只发布较低级别的工作机会，为什么不包括高层的工作机会呢？

方向、目标或结构方面可能的变化。如果我们正在考虑改变方向、目标甚至组织结构，那么在计划确定之前，要尽可能多、尽可能早地告诉人们，在澄清选择并收到批准之前就进行对话。我们的思维方式是，面对未来的不确定性，我们的员工足够成熟和具有应对能力。我们要表现得好像人们足够关心做正确的事情，即使那可能不符合他们狭隘的个人利益。先期披露信息的风险是，在我们准备为自己辩护之前，其他人可能对我们的计划感到不安并施加阻力，不过这有什么不好的？我们的目的是为企业服务，而不仅是为了自己，我们希望对手尽可能的强大，给他们所有的弹药，以此让自我和共同的事业更加强大。

参与式重组。一旦你开始感觉需要新的组织结构，就告诉员工你在想什么以及为什么这么想，让他们有机会参与其中。谁说人们对自己的工作乃至是被解聘不能保持客观的态度？很少有人认为，经理没有问过当事人就重组一个部门是一种神圣的权力。如果一个组织结构不起作用，或者两个团体甚至两家公司正在合并，那么就让人们自己重组。公司和非营利组织的合并将始终存在。例如，银行业已经经历了长期的整合。在某种情况下，我们把两个即将合并的银行运营部门的经理召集在一起，要求他们制定新的组织结构。他们能够做到这一点，他们把通常需要数年才能解决的保护自己的地盘的本能放在一边。事实上，如果所在组织是我们自己的公司，那么别无选择，我们只能重组自己。必须面对自己的职能被消除是痛苦的，但人们为了生存会这样做，而且在此过程中，其潜能中更深层次的信念会得以重申。

将我们的用户包括进来一起讨论组织架构的变革也是有可能的，用户也会受到我们内部变革的影响，为什么不早点让他们知道，如果他们早点知道，就可以选择发出自己的声音。

披露漏洞。如果项目进展不利或遭遇一些失败，这本身需要成为公众对话的一部分，以便人们知道如何采取行动，如何继续进行。为了保护失败的项目，告诉人们“我们正在研究并且稍后会让他们知道结果”，这样的做法使得参与项目的人丢掉了责任。取而代之的方法是向大家说明这个项目陷入困境，我们在讨论保留与否的问题，要非常具体地说明困难的性质。大多数失败的项目研究表明，人们早就知道项目无法运作，只是担心如果他们传递了坏消息就会被解雇，不说出残酷的现实就是在强化这样一种观念：成为一个坏消息的信使就等同于自杀，而我们的目的是让人们感受到传递坏消息会得到支持。

所有这些例子只是提供了完全披露的一些领域，这可以是一种政治行为。通常，我们不愿意分享更多的信息基于以下两种想法：①人们不想听到；②我们可能失去竞争优势。

“人们不想听到。”没有人喜欢听到坏消息，但这并不意味着人们无法处理坏消息。当然，我不喜欢听到上司告诉我，我不是所在组织的明星，而且在评级中的得分情况不容乐观，我的前途看起来很渺茫。当团队中的错误让别人知道时，我并不开心；当发现团队被重组的目标之一是降低成本和提高效率时，我也不开心。尽管听到这些信息我的心里会感到很不舒服，但我最好还是要知情，因为知道发生了什么让我有所选择，并被像成年人或伙伴一样对待。拒绝透露令人不安的消息的做法，是将人们视为易变或脆弱的孩子，这加强了他们的依赖性。我们为什么要制定适应最依赖人群的政策，而不是制定最安全的政策呢？

反对保护人们免受坏消息影响的另一个论点是，这样做完全不起作用。无论通过小道消息还是靠简单的直觉，人们通常都知道发生了什么。我们费尽心机决定应当告诉他们什么以及何时说，当我们开始沟通时，每个人其实都已经知道。延迟公布坏消息会降低人们对我们的信任，降低我们对他们抱有信心的信念。拜这些点滴慎行所赐，我们最终造成了原本极力希望改变的官僚政治组织。

“我们可能失去竞争优势。”在更多分享有关成本、预测、计划或质量的信息时的另一种担心是，信息将传到我们的竞争对手那里，他们将以此对付我们。每个组织都生活在竞争激烈的环境中，无论是竞争市场份额的企业、竞争患者和医生的医院，还是竞争捐赠或志愿者时间的非营利机构，这意味着我们想要对一些信息保密，包括新产品、新地区和新价格的计划均属于此类。“一旦竞争对手知道了大量的信息就会伤害我们”的想法实际上非常狭隘，对“外部敌人”的态度侵入了我们的内部运作，因此竞争、谨慎和保密是公司内部团体和人与人之间关系的特征，外部竞争被当作内乱滋生的理由。

竞争本身不是问题，大多数人都喜欢竞争，差别是我们如何进行竞争。如果内部竞争力导致我们隐瞒信息、彼此保持谨慎和有所保留，我们就会陷入困境。事实上，“我们处于竞争激烈的行业中、存在一些无法分享的信息”，这样的说法不是我们彼此相处时小心谨慎和有所保留的理由。

使用描述现实的语言

在组织交往中表现真诚的第三种方式是，使用描述现实的语言而不是试图掩盖现实的谎言。我们不仅希望对事件和计划保持开放，而且希望以消息传递的方式共享它们。如果被迫裁员或解雇人员，我们会告知他们正在被解雇，我们不找类似精简机构、取消甄选、重新改造、业务剥离或职业重新评估等这样的借口。

没有人喜欢裁员。我们都希望成为一个不断发展的业务部门的一部分，在这个部门中，有更多的职位空缺等待着有人来填补。随着科技行业、整合和自动化技术的发展，大多数工作场所正在缩小，这种趋势将永远伴随着我们。如果我们将裁员20%，就会告诉人们“我们正在裁员”。可能的话，我们会让人们帮助我们弄清楚如何裁员。他们经常可以找到除解雇员工之外的其他方法来降低成本。在可能的情况下，我们也避免“一刀切”地裁掉20%的董事会成员，这只会惩罚那些已经将成本控制达标的经理人。基本上，我们以明确无误的方式告诉人们，我们的立场以及为什么需要采取行动。如果我们认为无法告诉人们要裁员的真正原因是他们不能很好地接受这样的情况，那么也许我们应该重新评估这个原因。

当我们对人们的行为感到失望时，我们就该告诉他们：“由于这些原因，我对你很失望。”就这样，简单明了地给出负面反馈，别再说是对他的未来发展会有所帮助。

为了被接纳而重新定位

为了赢得支持，我们煞费苦心地证明自己在与时俱进，使自己看起来与潮流同步。在经济萧条时期，我们所做的一切都是基于削减成本和精简机构。在经济景气的时候，我们声称好的想法将有助于业务增长。管理培训领域就是一个很好的例子，这个领域有一个常态：管理者被教导以目标为导向、设定明确的目标、建设更具参与性的组织文化、善待员工。然而，我们描述培训的方式是随着潮流的变化而变化的。不久前，培训计划被称为“关系改善计划”，然后基本上相同的程序又被称为“生产力计划”，后来又被称为“企业文化计划”，后来我们对愿景领导力计划，甚至是积极的政治技能计划又富有热情。扭曲的营销心态导致我们根据当下流行的热点推销我们的项目，这是对形式而不是对实质的承诺，我们并没有改变开展业务的方式，只是改变了谈论业务的方式，将我们的项目定位与热门产品结合起来最终会损害我们的信誉和业务。当人们开始发现所听到的不是所得到的东西时，他们会感到自己被利用了，我们会聪明反被聪明误。积极的政治行为不是跟风，即使这样做有助于项目销售也不要去做，我们会告诉客户他们得到的究竟是什么，告诉高管项目的真实情况是怎样的，让员工参与创造未来，而不是推出另一个所谓的培训计划。不再有自吹自擂的公共关系，也不再为了推销而重新定位，人们需要听到故事真实的两面——确定的一面和怀疑的一面。

创业循环是授权式经营方式所需要的信仰体系，它蕴含的创业契约、开明自利及非操纵策略成为培养自主权而不是依赖性的基础，家长制、以自我为中心及操纵策略不可能支撑起积极的政治行为，拥有慈悲心的自主是授权于我们自己和周围人的必要条件，授权与积极政治成为一体。

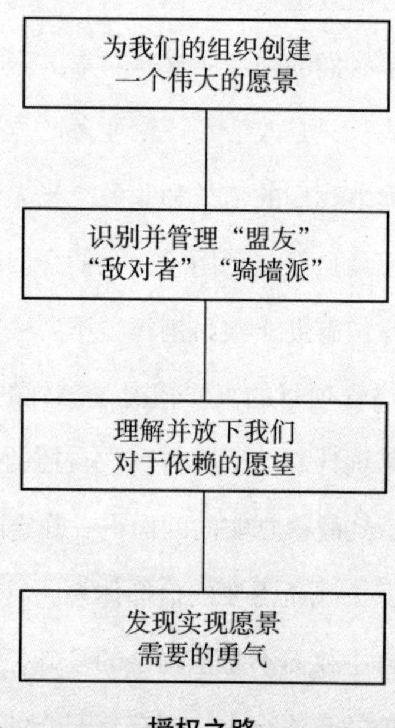
为我们的组织创建
一个伟大的愿景
识别并管理“盟友”
“敌对者”“骑墙派”
理解并放下我们
对于依赖的愿望
发现实现愿景
需要的勇气

授权之路

第二部分

工作中的积极政治技能

2

在企业内推行积极政治的关键是将每一次遭遇视为机会，以创造我们希望栖身其中的那种企业文化。这需要将我们自己和组织视为改变文化的主要工具。企业文化的改变是潜移默化的，并非通过大张旗鼓的公告或者来自组织顶层的变革管理项目就能一蹴而就。如果一直等着高层出面领导我们所期盼的组织变革，那就是不得要领。为了让我们向往的未来梦想成真，我们要站出来领导。希望周遭的世界支持我们的愿景，即便没有支持，我们仍将按照这一愿景行事。

领导力是将目的转化为现实的过程。如果我们的目的是在一个这样的组织中工作——权力位于底层，掌握在每个人的手中，人们以诚相待，那么我们要做的就是确保自己的行为符合这样的目的。谁知道呢？也许其他一些人也会这样做，不久之后，大船将调整方向。当我们的行动而不是演讲成为我们工作中的政治声明时，这才是最好的积极政治。对我们来说，将工作中的政治视作演讲和讨价还价是一个有用但不值得玩的游戏。学习如何以带来希望和自豪感的方式参与工作中的政治才是关键。

关于授权的许诺是指，它将极大地增强组织各级人员的主人翁责任感，特别是负责将产品和服务交付给客户的一线基层人员。授权的问题在于，它需要彻底调整人们对控制系统以及应当由哪个层级做出决策的理念，每一份真正授权的努力都需要将治理工作推向组织的较低层、更低层。授权的困难之处在于，它要求我们向组织中的管理层推销变革。我们必须大力倡导所在组织的理念，同时不疏远周围的同事和我们的上司，这样做的结果是获得更高水平的服务质量和更好的客户响应。

在工作中运用积极的政治技能是走向互依的第一步，是重新点燃创业精神并做出授权选择所必须采取的行动。本书的第一部分重点介绍了授权环境的特点。第二部分侧重于如何将组织的所有成员视为所有者和创业家，使员工认为所在组织是他们自己的企业，他们和其他人一起正在创建自己选择的组织。此外，如果我们在工作中遵循这条路径，它可能会影响我们生活的其他方面。

第 4 章 创建伟大的愿景

自我授权源于按照开明自利的原则行事，授权就是邀请各级人员按照这种方式行事。我们定义了所在部门必须为组织提供的真正独特的东西，希望建立一个能表达我们对于工作、成就和社区的全部价值观的组织。因此，创建并维持一个富有创业精神的组织的第一步就是，为我们的团队创造一个伟大的愿景。这一愿景要表达我们的价值观以及我们希望做出的贡献。

创建愿景，主张自主

自主是按自己的选择而做出的决定，互依是对凭一己之力不能成事达成的共识。我们需要做出的最根本的选择就是创造一个自主选择的未来。在某种程度上，未来就是我们当下行为的“因”[①]。对于要去哪里，要建立一个什么样的组织，我们都有一个愿景或图像，并以自己认为有利于未来的方式行事。此外，我们也有另一种选择，那就是根据别人的未来而行事，要求组织告诉我们它的愿景、价

① 感谢乔尔·亨宁（Joel Henning）的观点，即透过观察我们向往的未来，可以理解我们当下的行为，这为我们如何看待行为带来了希望，因为这意味着我们不需要总被过去控制。

值观以及它希望我们如何运作，之后这些就成了我们的指路牌。

对于自主的回报，我们称为“自由”，即过着自己想要的生活，掌控自己的命运。对于依赖的回报，我们称为“服从”或“忠诚”，即如果我们按照别人的选择行事，但效果不好，那并不是我们的错。依赖是我们希望不对自己的行动或方向负责，是“但求无过”的选择，而自主是“自我揽罪”的选择。当我们根据自己的选择行事时，我们可以定义自己的未来。好消息是我们会有掌控生活的感觉，坏消息是出了问题就是我们的错，我们责无旁贷。

首先要做的就是用语言描述我们希望为组织创造的未来，即描述一个伟大的愿景，描述一个我们自己和所在组织都想要的、承诺创建的未来，我们相信这个愿景对个人有利、对部门有利、对组织有益。创造这一愿景是至关重要的领导行为。

官僚主义者要求上司和最高管理层定义他们希望实现的组织的未来，如果高层没有愿景，他们就如释重负。组织如此复杂庞大，高层管理团队通常很难向员工说明白未来的愿景。即便正如许多公司所做的那样，最高管理层确实创造了一个愿景，然而，在组织的愿景、使命和目的的大背景下，仍然需要每位员工创建自己对未来的愿景。

什么是愿景，为何如此重要

创建愿景推动我们为向往的未来表明立场，给了我们愿意为之冒险的东西，使得创业循环得以实现。创建愿景也让我们发现为组织服务其实也是在为自身利益服务，让我们将所在的组织定位于连接客户与同事的机构，创造出这样的愿景本身就是一种领导行为。愿景将我们最深层的价值观引入工作场所，并成为我们想要如何在组织中践行这些价值观的生动描述。

并非所有的愿景都行得通，因为我们选择在商务场景中追求愿景，因此它必须既具有战略性，又具有崇高性。愿景的战略性要素包括专注于我们的客户 / 用户，在愿景中表达我们如何为使命做出贡献，这有助于将所在组织的每项活动与那件重要的事——机构的成功联系起来。①

愿景必须具有崇高性，这样才能激发我们的想象力，凝聚我们的精神。崇高的愿景可以激发良好的表现，当我们所在组织的愿景正是我们价值观的表达时，我们会在非常个人的层面上与组织保持一致。当我们能致力于重要的事情时，我们的开明自利就会得到增强。

我们的愿景最深刻地表达了我们真正想要的是什么。这种对理想未来的宣言为拥有一个团结一致的团队创造了条件。愿景之所以有效，是因为只有当别人知道我们想要什么时，才能支持我们。我们的愿景有时可能成为冲突的根源，但更多的时候，它是一种联结的源泉，正是关于愿景的对话帮助我们以一种重要的方式相互联结起来。

愿景与目标和目的截然不同。一般来讲，目标和目的是对即将发生的事情的预测，是对我们将在下周、下个月或下个季度做什么的预测，是对我们过去一周、一个月或一个季度做了什么的一种延伸。因此，目标和目的往往具有局限性，甚至在某些方面，令人十分沮丧。罗恩·利皮特（Ron Lippitt）的研究表明，在目标设定会议中，参与者的心情会变得越来越沮丧，部分原因在于这种目标强化了未来与过去毫无分别的想法。

无力感让我们感到对未来不抱什么希望，它与过去没有分别，治疗它的解药是停止谈论目标，开始阐明所在组织的愿景。愿景是向往的未来、是理想的状

---

① 以这种方式构建愿景是鲍勃·安德森（Bob Anderson）的创意。他不仅帮助我们把愿景的概念变得更实际，而且成为我们致力于实现愿景的榜样。

态。尽管存在官僚主义或相反的证据，但阐明愿景是一种乐观的表达，我们可以夸大对乐观主义的需要，要求自己不仅创造愿景，还要创造伟大的愿景。在很多情况下，“伟大”这个词显得怪异、吓人。当你要求人们创造“伟大”的愿景时，他们会说：“难道我们不能创造一个‘进步’的愿景、‘卓越’的愿景或者‘下一步’的愿景吗？”

避免使用“伟大”这个词的想法是在避免承诺我们可能无法达成的目标，我们担心“伟大”根本不在我们的剧本中，而是属于别人的故事。“伟大”要求我们消除小心谨慎、有所保留，要求我们积极地看待我们过去的局限——至少暂时是这样的。

我们自身依赖性的一面使得我们希望走一条可预测的路，选择维持现状而不是追求伟大是比较安全的选择。如果选择维持现状，我们知道那是可能实现的目标。我们依赖性的一面或者说“好孩子”的一面，认为领导权基本上掌握在别人的手中。领导力行为开启不一样的未来，包括清晰表达愿景并为追求愿景而采取行动。倘若我们相信组织的领导权掌握在其他人的手中，那么就注定会维持所在组织的现状。相信领导权掌握在其他人的手中、未来由其他人决定，是希望远离荒野的想法，荒野代表着危险、不可预测性和失控，我们最好待在文明的世界里，在发达的城市、现代化的便利设施和可预测的环境中，即使不尽如人意，也好过进入未知的危险领域。

在组织中选择走安全的路，意味着避开荒野并要求其他人划定我们的地盘。基于对安全的渴望，我们在组织中构建了绝缘层：在做出决定之前，我们务必需要大量的数据；我们按照短期利益行事，因为那样更可预测、更可掌控；我们只做那些效果明显的事情，因为那样的话，进展可衡量，我们也不会受到工作不奏效的谴责。

当我们选择走向荒野时，我们就选择了一个无法测量、不可预知的未来，这是一个易受攻击的选择，因为如果我们被要求解释为什么选择这样的未来，如何实现这一目标或者这样的未来是否真的可能，我们并没有确切的答案。

走向荒野，创造伟大的愿景，也需要一种信仰行动。从本质上讲，信仰不是通过使用数据和外部证据测量与支持的。朝着向往的未来行进是超越当下体验的一种飞跃，领导力和授权呼唤我们按照信仰而非证据而为，这种信仰行动是我们每个人都需要的勇敢行动。

我们通过愿景表达了这样一种信念：我们有能力找到组织的意义并为他人提供帮助，用语言表达我们对伟大未来的憧憬，对我们产生了深远的影响。

- 愿景含蓄地表达了我们对现状的失望。要阐明我们对未来的看法，就要承认我们对组织及其运作方式的质疑，对所在组织如何为客户提供服务的质疑，对如何在内部处理彼此关系的质疑，甚至可能是对过往成功道路的质疑。
- 愿景揭示了我们向往的未来，同时也让我们面临与他人愿景的潜在冲突。我们心知肚明，愿景不容妥协。当我们彼此用语言沟通时，我们也冒着相互冲突的风险。
- 阐明伟大的愿景也推动着我们必须以言行一致的方式行事、担责。愿景阐述了我们希望如何与客户和用户合作，以及如何彼此合作，它成为评估我们所有行动的基准，而现实情况是知易行难。担当责任也是愿景带来的一种力量，如果我们按照别人的愿景行事，就会用“别无选择”解释自己不认同的行为，就会说那是被别人要求做的，这样的借口比比皆是。如果我们被自己创造的愿景驱动，那么这类借口就会消失，我们再也不能声称“这不是我们的错”，而是必须让别人对我们的错误评头论足。

对任何人来说，最难的事情就是遵守自己创造的规则，按照别人制定的规则行事已非易事，而按照自己制定的规则行事，更是“自讨苦吃”。

避免自主创建愿景其实就是保护自己免遭失望和挫败，这种自保的愿望司空见惯到令人费解。当我们要求人们做出改变时，他们第一次谈的往往是关于改变本身的风险。当我们在研讨会上进行培训并尝试为人们提供新技能时，他们提出的第一个问题是“高管是否支持这些新技能和行为”。大量的文献和见解都宣称，每个变革计划都必须从最高层开始，必须得到最高管理层的全力支持，才能期待中层管理者和基层执行人员有所改变，这种所谓“自上而下”的变革实际上是一种寻求保护的愿望。

选择创造自己的愿景就是选择走一条冒险的路，因为我们相信没有所谓安全的路。我们往任何方向去，未来都存在危险，而有风险这一事实标志着我们正朝着正确的方向前进。当我们选择自保、维持现状时，意味着我们相信取得的成就已经足够多，这是想躺在功劳簿上睡觉的一种愿望。

创造愿景违反了我们大多数人与大型组织签订的家长制契约，之所以加入大型组织是相信“我们在那里会安全”，“它们”将为我们提供美好的未来。遗憾的是，我们发现所谓“安全”的路一点儿也不安全。

如果我们没有愿景怎么办

愿景是对信仰和自由的表达。通常，当你问别人有什么伟大的愿景时，他们会说他们没有伟大的愿景。你对此的回应可以是：“假设你有伟大的愿景，那会是什么？”

即便没有说出来，每个人的心中也都有一个愿景。大声说出自己的愿景有多么勉为其难，就是我们多么没有信心或不情愿去为自己的生活、为所在的组织担当责任。愿景是对希望的表达，但是如果我们没有满怀希望，就很难创造愿景。

愿景与使命宣言之间的差异

愿景实际上是我们清醒时创造的梦想，它描述了我们对于组织如何发展的希望。它与使命宣言不同，使命陈述了我们所处的业务环境，有时还包括我们在该业务中的排名情况。

使命宣言决定了我们将要参与的游戏。例如，一家大型医疗保健公司的使命宣言是“推销对客户有明显健康益处的保健产品，成为每个产品线的领导者，为我们的股东回报合理的利润，并为员工提供良好的发展机会”。这体现了公司选择从事的业务——“有明显健康益处”意味着不从事化妆品或其他个人护理产品业务。“每个产品线的领导者”意味着如果公司无法占据主要市场份额，那就不参与其中。“合理的利润”意味着需要有一定的利润和投资回报。使命宣言比愿景更注重业务方面，愿景更多的是关注我们如何管理业务的哲学。

创建愿景宣言并无新鲜或特别之处。许多组织已经做了很多年，它们可能称之为不同的东西，比如信条、核心价值观或指导原则，但大多数组织都用愿景宣言表达自己的文化。这里的独特之处在于：制定伟大的愿景不仅是高层管理人员的责任，还是每一位员工的任务。

惯常的套路是高级管理层花费 6 个月的时间定义愿景，然后着力在整个组织中向下沟通。传统观念认为，好的管理层应当创建愿景，然后组织其他成员参与并给予支持。一位首席执行官可能会半开玩笑地说：“让我们租下李维斯体育场，让所有员工为支持我们的愿景而游行吧。”对高管而言，这是一个有益的幻想，但对员工来说，它却是滋生依赖的过程。

创建和传达愿景是一种领导行为，每位员工都需要这样做，包括高层在内，但是需要的额外步骤是要求高层以下的各级人员同样去做。每位经理的工作就是让人们参与进来为组织创造愿景。高层管理者和上司的愿景为每一层下属经理和员工创造愿景输入了必要信息。

所有秉承创业精神并全身心投入的人都必须创造自己的愿景，这个过程的指导原则包括 3 个基本步骤：创建愿景、传达愿景，以及指导他人创建他们的愿景。

创建愿景

以下是有关如何开始创建愿景的一些提示。

提示 1：忘记第一名。如果没有人对你伸出食指喊道："我们排名第一，我们就是第一名！"，你就看不下去比赛。这种对表彰、名誉、财富、利润、底线的渴望，都反映出获得成功的短视自利，这些不属于愿景宣言。愿景宣言表达的是我们希望对组织做出的贡献，而不是外部世界给予我们的赞赏。选择伟大是一种服务行为，并且表达了我们的开明自利。

如果世界上有正义，我们认真地工作就会得到回报。我们专注于做好工作，而不是注重最终在积分榜上的位置，并以此宣告自主。伟大的愿景表述了我们为客户和为彼此提供什么，我们致力于实现愿景，因为那本身就是值得追求的。如果因为实现愿景而得到奖励，我们会欣然接受，但这并不是我们追求愿景的原因。

提示 2：放弃务实。我们生活在一种务实的文化中，被教导设定具体、可衡量的目标，并在墙上张贴工作计划表，它展示如何实现这些目标。渴望务实与创造愿景格格不入。伟大的愿景表达了我们天性的精神和理想的一面，是我们向往的未来，它来自内心，而非头脑。过早地务实无异于是对愿景的限制，创建愿景的目的是澄清希望创建的组织类型，我们自始至终都知道这个目的有可能永远不会实现。愿景是一座灯塔，它给我们指引方向，而不是一个特定的目的地。对一个创造愿景的人，我们需要问的最后一件事才是“你打算怎么去那里”。

提示 3：从客户开始。组织的长期生存取决于组织如何与内部和外部客户保持联系并提供服务。从短期来看，组织可以通过上调产品价格、控制成本或维系良好的财务关系维持运营，但最终决定组织未来的是市场的现实，这一点也适用于在较大组织内运营的一个部门。

成为所在部门的创业者需要这样的思维方式：将公司内部的其他部门视为合作伙伴，并将这些合作伙伴视为自己的客户或供应商。换句话说，接收我们的产品或服务的下一个团体就是我们的合作伙伴和客户，以这样的方式对待这个团体，可以消除我们对他们的抱怨。组织中的大多数争斗和冲突往往发生在同一级别的部门和个人之间。

关于如何与上司和下属合作的规则相当清楚，但如何与同一级别的人合作的规则则有点模棱两可，我们往往不清楚自己对平级的人会产生多大的影响力和控制力。事实上，有时我们不知道应当与之竞争还是合作。

战胜这种竞争 / 协作的矛盾心理的方法是，每个职能部门都自问内部客户 / 用户是谁，并创建一个愿景、一个向往的未来以及彼此共事之道，这之后我们就可以提出更多有用的问题，举例如下。

- 如果我们的内部客户 / 用户是我们唯一的客户，我们将如何对待他们？假设他们是我们的合作伙伴？
- 如何从客户对我们的沮丧、失望中学习成长，过而能改，提升我们的经营方式？我们往往在不满意的客户那里最能学到如何服务于市场。要向不满意的客户学习，我们必须卸下防御，走近他们，尊重他们，并且非常认真地倾听他们的意见。
- 我们如何向用户传达坏消息？有时我们无法履行对他们的承诺，应当在什么时间告诉他们？当我们让他们失望时，我们应当责怪其他人还是对自己的错误承担责任？

- 我们如何处理合作伙伴令我们失望的情况？当他们在定义需求时不准确，当信息不对称或姗姗来迟而破坏了进度安排时，我们应该怎么做？我们选择以此为借口，责备他们，或是选择帮助合作伙伴在自己的事业上变得更好？事实上，我们有一部分职能是帮助其他部门以自己的方式变得更加有效，以此回应我们的互相依存关系。我们是客户的顾问，我们应该不断地向他们展示如何更好地与我们合作。

以下是关于愿景宣言的各种表述，它们可以说明我们服务客户时的伟大之处。

- 我们是客户的伙伴。
- 我们致力于客户的成功，并鼓励他们教我们如何与他们做生意。
- 让客户感到被理解。
- 拨打销售电话的目的是帮助客户做出正确的决定。
- 我们履行每一个承诺，满足每一项要求。
- 我们有勇气说“不”。
- 我们选择质量胜于速度。
- 我们不隐瞒坏消息。
- 我们不希望客户只关心成本。我们希望客户能够为优质的服务、被理解以及我们对其成功的承诺而买单。
- 我们希望每位参与者都表达真实的感受并保持投入。
- 我们希望了解我们的行为对他人的影响。

- 我们期望与客户同怀宽仁之心。
- 不强迫客户接受我们的解决方案。
- 我们诚心相助，而非维持秩序。
- 对我们不满意的客户是我们的老师，他们教会了我们如何把不是客户的人变成客户。

所有这些愿景宣言都是有道理的，对我们来说，其中哪些很重要以及我们想为自己的组织做出哪些类似的补充，这取决于我们自己。愿景的力量在于它会成为我们对自己负责的内部规则。如果你想品尝一下餐点而不是继续阅读菜单，请立即花 1 分钟的时间写下你对与客户合作的伟大愿景。

提示 4：对待客户不能比对自己人更好。愿景宣言还有另一个重要因素，即我们如何在部门内部彼此坦诚相待，每一位客户都希望得到我们充满理解的独特回应。如果在部门内部，我们彼此之间保持谨慎、看重竞争、互相评判，我们将无法向客户提供他们想要的回应。商店里的销售人员对待我们的方式与他们受到的待遇大体相同。如果我们作为客户被忽视，他们作为员工可能也会被忽视。如果他们漠不关心、无动于衷、反应迟钝，那么他们的主管的管理风格就可见一斑。我们希望怎样管理客户和用户，就必须以完全一致的方式管理我们的员工。我们不能用恐惧和惩罚来改善客户服务，员工的终极回应就是让客户不爽，其实那都是针对我们的。

所在部门也是发现组织各种可能性的试验场。我们的主要目的之一，就是在所在部门内创建出整个组织运营的样板。以下是为内部运营创建愿景的一些有用的问题。

（1）你希望如何在小组内表达支持？在大多数群体中，支持通过“不打扰”表达，只要你不犯错误，我就不会打扰你。取而代之的方案是，相信人们需要了解哪些事情是对的，在小组之间，欣赏能够直接表达，赞美能够自由给予，成功要能够得到庆祝。

（2）你如何管理冲突和分歧？传统的方法是回避、息事宁人或两下较量。人们遇到困难会去找裁判员评判，他们自己可以决定，将真心面对和艰难对话视为对组织至关重要的东西。

（3）在拥有一支卓越的团队还是拥有一群各行其是的优秀个体之间，你想要的平衡是什么？许多团体大谈特谈团队合作，但实际上是各自与上司一对一地工作。

（4）你对内部竞争采取什么样的立场？部门内部或部门之间的竞争是一种动机复杂的情形。我们知道大家应当团结协作，但几乎所有的绩效评估系统都让人们相互竞争。一位西海岸服装制造公司的总裁决定，他将根据高管对彼此成功做出的贡献大小评估他们，这真是激进的想法。

无数的价值观可以通过我们希望人们如何共事协作体现。所有人都应扪心自问：在人际交往中，我们最珍视的价值观和信仰是什么？这些非常个人化的价值观驱动着我们对团队成员的伟大愿景。以下是一些关于愿景宣言的实例。

我们希望：

- 我们的计划和行动一致；
- 愿意分享；
- 毫不畏惧地表达不同的意见；
- 致力于长期战略；
- 创造安全的工作场所；
- 实践我们的价值观；
- 让每个人都参与到最终产品中来；

- 以独特的方式对待每一个人；
- 克服级别和等级制度；
- 经营人才就是我们的事业；
- 积极而为，减少在不良状况下的耗能；
- 在我们的所有行动中看到关怀和爱；
- 每个人都有责任创建我们的事业；
- 作为一个团队在工作；
- 人人参与；
- 人人受到重视和尊重；
- 提供有意义的工作；
- 经理的天职是服务于员工；
- 消除低效工作；
- 每个人都有权利拒绝；
- 掌握自己的命运；
- 允许失败，鼓励尝试；
- 始终保持诚实；
- 同情别人的痛苦；
- 每个人都能被倾听，被理解。

与关于客户的愿景宣言一样，这些宣言引人注目。我们需要了解自己的价值观，并决定通过工作表达哪些价值观，这些都由我们自己说了算。现在，再花一点时间思考一下你们为工作伙伴而建立的伟大愿景吧。

提示 5：如果你的愿景宣言听起来像母亲的叮嘱，并且令人感到有点尴尬，但那就说明你在正确的轨道上了。愿景是希望和理想主义的表达，它极度地简化了复杂的世界，意味着一切皆有可能。我们可能感到尴尬的是，在一个看似复杂、精明和务实的环境中采取纯净立场的脆弱感。在安全、控制和认可大行其道的背景下，我们赤裸裸地宣称正在优先考虑更深层次的精神和价值观，无怨无悔地坚持对客户和同事的价值观，并祈祷世界能支持我们。其他人告诉我们外面是一个丛林，我们说“不，不是，那只是一片叶子”。感受到脆弱意味着我们正在逆风而行，或者说正在努力重建文化，这就是使强烈的愿景宣言成为工作中积极的政治行为的原因。在我们识别和传达愿景的那一刻，我们就生活在自己一直希望创造的那种组织当中。

当具备以下 3 个特质时，我们就创造了一个伟大的愿景。

（1）发乎于心。愿景在某种程度上是非理性的，我们内心知道没有理由，当感到愿景对我们要求太高时，我们应该开始相信它。

（2）非我们莫属。这个愿景只有我们自己可以提出，必须是属于我们的、个性化的，身边的人一听便知这是我们的愿景宣言。

（3）激动人心。愿景戏剧般地对我们的愿望进行了夸张，因此看起来激进而苛刻，表现为在最好的意义上提供服务，愿意采取独特立场的意愿授权于我们。

选择伟大愿景的典范

以下范例已有近 30 年之久，但它们仍然具有意义，这表明了伟大的愿景是永恒的。有些范例很短，有些过于冗长，但它们都引人注目。

福特汽车公司电气电子部门：

- 掌握自己的命运；
- 客户为王；
- 人是我们最重要的资源；
- 己所不欲，勿施于供应商；

- 成为业内的评价标准。

格林威治工作室（美术经销商）：

- 客户第一；
- 质量就是声誉；
- 艺术需要原创。

巴斯钢铁厂人力资源副总裁克里夫·博尔斯特（Cliff Bolster）：

- 对我们接触到的每一个人都给予尊重和尊严；
- 对待我们服务的部门如同它们是我们的重要客户，如果它们愿意，可以去找别的资源替代我们的服务；
- 通过行动展示我们希望整个公司运营的方式；
- 减少讨论和纸上谈兵，最大限度地付诸行动实现目标；
- 对部门绩效的质量承担全部责任，不抱怨；
- 永远不要听到这句话：“那不是我的工作。”
- 就彼此的需要互相提供反馈意见；
- 认可成就，庆祝成功。

下一个愿景宣言是由李维·施特劳斯公司的总裁兼首席执行官鲍勃·哈斯（Bob Haas）几年前撰写的。时光飞逝，李维·施特劳斯公司近年来的发展之路并不平坦，但其愿景仍具有意义。令人印象深刻的是，它肯定了一套价值观，相信这些价值观将最有利于明确公司的利润和最好地服务于客户。同样令人印象深刻的是，一群高级管理人员承诺，他们的主要工作就是在组织中、在彼此之间亲自践行这些价值观，这样的愿景永远不会过时。

伟大的李维·施特劳斯

我想要李维·施特劳斯公司成为一家伟大的公司，它的伟大之处将反映在我们所做的一切之中，我们将通过对以下目标和实践的承诺实现伟大。

人才

- 营造开放、相互尊重和团队合作的氛围；
- 创建一种“小而美”的氛围；
- 重视每位员工独特的价值，从多样性中获得收益；
- 提供安全健康的工作环境，激励人心，令人愉悦，支持最大的个人有效性；
- 创建一个关爱的“家”；
- 链接公司和员工的利益；
- 致力于“无私的管理”，公司及其员工的福祉胜过个人目标和任何其他事情；
- 强调同情心和灵活性以满足人性的需求（而不是规则和政策的需求）。

顾客

- 确保李维·施特劳斯的产品具有明显的优越性，并以最公道的价格（价值）提供最高性能（外观、耐用性、舒适性、风格）的产品；
- 将产品创新作为李维·施特劳斯的标志；
- 以快速、公平和礼貌的方式处理客户咨询、关注与投诉；
- 以真实、尊重和激励人心的方式宣传与推广李维·施特劳斯的产品，只参与健康有益的媒体节目。

客户（零售店）

- 通过我们的商品协助每位客户实现利润最大化和获得理想的市场地位；
- 提供优质的服务；
- 成为了解每位客户需求、给予有用的支持的业务顾问；
- 因卓越的客户关系（礼貌、诚信、反应）而受到重视。

供应商

- 鼓励长期互利的业务关系；
- 制定最高质量标准（有关织物、杂物等），明确界定期望值并协助供应商取得令人满意的业绩；
- 让供应商参与解决问题，开发具有创新性和卓越的产品；
- 了解每个供应商的能力和需求，提供有用的支持和业务咨询；
- 因卓越的供应商关系而受到重视（礼貌、诚信、反应及时）。

最后的愿景宣言来自我自己的咨询公司，在这里介绍令人感到有点尴尬，听起来有点像母亲的叮嘱，但由于整个章节都是关于创造一个明显属于自己的愿景的内容，我决定把它包括在内。

学习设计公司

（1）我们将所有与我们联系的人视为组织的成员，每个客户、供应商和社区的成员都会在我们这里感受到被理解和关心，即使我们做出选择，没有给客户他们想要的东西，他们也会体验到我们在遵照诚信行事，感觉到我们是为了服务而不是为了经济利益在剥削他人。我们将所有人视为家庭成员，并且希望每个人都能通过与我们的联系体验到价值。

（2）我们致力于提供最高的产品品质、最优秀的人才、最可行的设计方案和最全面的学习材料。品质意味着我们与最深层的人类价值观相一致，我们处理客户的根本问题，而不仅仅是表面问题，我们的服务是实用的，即学即用。我们从事教育业务，并相信优质教育是面对整个人的，是讲实话，并且直指问题的核心。品质意味着我们不会提供不需要的服务，即使有时客户愿意不恰当地雇用我们。

（3）我们每时每刻都在向客户提供尽可能多的服务。我们不想为了产生更多的业务而强求、引诱或创造不必要的依赖关系。

（4）我们对待员工和供应商就像对待客户一样。我们的经济理念是尽可能多地给员工支付薪酬，尽可能少地向客户收费；我们希望员工觉得这是他们自家的业务，当业务运作良好时，他们个人也会做得很好；我们也希望人们分担下行风险，如果某些人不被重视，他们需要了解这一点，然后继续前进。

这些范例只是为了让你了解在表述愿景时可能有什么样的焦点，愿景的核心不在于实际的话语，而在于创造并致力于实现愿景的行为。当我们创造和传达愿景时，就是邀请人们在我们成功和失败时如实相告，这使我们勇于承担责任，推动我们为部门负责。这也是不应只由高管创造愿景的原因，每位员工都需要完成整个过程。一旦我们有了愿景，接下来的步骤就是传达并指导其他人创建自己的愿景。

传达愿景

工作中的政治技能的本质是为我们的职能和项目寻求支持，这是通过对话进行的，最令人信服的对话之一就是谈论愿景。领导力使我们专注于愿景，这意味着我们必须大大方方地用引起别人兴趣的方式谈论愿景。

坚定信仰

即使对如何实现愿景尚存疑虑，我们仍然需要不断地传达关于愿景的信心。我们已经致力于达到一心向往的未来，用坚定的信念谈论愿景始终具有说服力，我们自己有多在意，别人就会有多支持我们。我们越是谈论愿景，就越坚定。我们会怀疑其他人是否会支持我们的愿景，这样的怀疑实际上是我们内在怀疑的一种投射，经常谈论愿景会减少这些疑虑并使我们不断地接近愿景。

使用诗意的语言

我们需要在语言中尽情地使用色彩和激情。伟大、服务、意义、完美、同情、正直和爱等都是充满情感的词语，用在工作环境中，可能貌似不宜，但事实并非如此，它们只是比较鲜见。感性的词语可能不属于某一次工作目标设定式的谈话，却是构成愿景的元素。也许我们对部门独特的贡献就是专注于更深层次的价值观，而不仅仅是成本和生产力。我们必须相信大多数人都在寻找工作中的意义、同情心和诚信，如果我们愿意谈论这些事情，尽管可能稍显尴尬，但肯定会增加找到它们的可能性。

使用隐喻

使用隐喻、比喻、图片和图像对我们也很有帮助。我们需要一个对我们有意义的图像，这个图像可以让其他人了解我们的愿景。人们把他们的愿景比作各种各样的东西，举例如下。

- 一棵树，拥有树干、树枝、树叶、季节、变化、生长；
- 一个人，拥有不同的系统，通过新鲜空气和新鲜血液持续生存；
- 机械装置，汽车、飞机、陀螺仪、雷达、潜艇；
- 一幅画、一首诗、一段弦乐四重奏、爵士乐团或管弦乐队；

- 生态系统，地球。

选择什么特定的图像并不重要，只要是我们关心的事物即可。

想象未来的具体图像

我们越能想象未来的样子，就越容易理解未来的样子并将它传达给他人。有时候，我们幻想自己正处于时间舱中，这对我们会有所帮助。我们想象 3 年后回到自己的组织，像直升机一样在组织的上空盘旋，描述将会发生什么，我们与客户以及彼此之间如何合作，会议如何开展讨论，预算是多少，我们项目的性质是什么，人们如何利用时间，以及产品或服务问世后会是什么样的。

愿景的所有这些特质都有助于我们进行沟通。以生动的方式谈论我们的愿景也会鼓励其他人这样做。

指导他人创建他们的愿景

我们领导角色的一个重要部分是与他人合作，帮助他们用语言表达他们对未来的美好愿景。我们的目标不是简单地让别人体现我们的愿景，而是支持别人体现他们的愿景。这表达了我们的信念，即凡事不止一个答案。通常，当我们询问别人的愿景是什么时，他们会说“没有”，别相信这样的话，每个人都希望有一个美好的未来，只是我们太习惯于回应别人的期待，我们自己的愿景还停留在无意识的层面。说“没有愿景”也表达了一种悲观的情绪，如果认为控制自己的命运是一种遥远的可能性，那么很难会有激情谈论我们自主选择的未来。不要让被动或悲观左右了我们。

在指导他人时，我们希望在他们的愿景中看到 3 种特质：深度、清晰度、责任感。

（1）深度。由于愿景发自人们的内心，它应该尽可能地个性化。

（2）清晰度。我们可以通过不断地询问人们，如果愿景成为现实，他们会看到什么，以此帮助人们具体化他们的愿景。模棱两可是不对愿景做出承诺的一种方式。

（3）责任感。创建愿景的主要障碍是无助感。受害者只会说出无聊的愿景，要求人们制定愿景就是直面无助感的一种方式。我们要求人们制定愿景的主要原因是强化所有人都参与创建组织的信念，无论我们是否承认，我们一直在敦促人们谈论所在的组织，如同他们可以选择任何方式进行改革。

以下是我们用来帮助人们发现和表达愿景的问题清单。

（1）选择一个你关心的但令你感到沮丧的重要项目，描述项目的目标以及你为什么感到沮丧。

（2）问一下为什么你如此关心这个项目。挫败感表达了我们的承诺，如果我们不是那么致力于一个项目，就不会感到沮丧。你可以问人们为什么如此关心这个项目，以此深入地了解他们深层次的工作观。我们都非常重视做有意义的工作，为客户提供真正的服务，善待他人，以及在工作中保持一定的诚信。继续问为什么，直到你听到一些似乎来自内心的陈述。

（3）询问你与客户合作的理想方式是什么。如果 3 年后你重回组织，伟大的愿景已经实现，你会看到在客户身上发生了什么。

（4）现在问一些关于未来的相同问题，重点关注你认为人们应该如何在工作场所中相处，你希望在团队内部运作方式中传达哪些个性化的乃至精神层面的价值观。

在指导他人创建他们的愿景时，我们需要耐心。在人们第一次被要求创建愿景之后，通常需要数天或数周的时间，他们才能提出令自己感到兴奋的愿景。耐心和努力是值得的。创建愿景的斗争处于一种纠结状态中：一方面满怀希望，另一方面不能确定所在的组织是否真的可以由心创造。愿景本身就是我们开明自利的表达，即我们的组织如何提供意义、服务、贡献、诚信、同情和掌握。创造愿景的过程有助于强化创业契约的目的。一旦明确了伟大的愿景，我们的任务就是通过创建支持它的架构、政策和实践开始采取行动，每个具体的愿景都催生出行动，而且对我们来说很独特。

授权的愿景

为了增加关于可能性的选择，以下是几家公司正在采取的一些具体措施，它们用这些措施支持它们创建富有创业精神和授权文化的愿景，它们的目标是让组织生活的每个方面都与愿景保持一致，包括政策、实践、办公地点和办公室装饰。下面列出了简要的愿景以及为支持这些愿景而采取的一些行动。

愿景：客户服务高于一切。行动：第一，采纳这个理念，即好的销售是帮助客户 / 合作伙伴做出正确的决策。我们的销售理念是帮助双方做出正确的决定，这与说服某人支持我们项目的理念不同。如果将高层管理人员或其他部门视为合作伙伴，那么我们的目标就是保持高质量的长期合作关系，因为我们一生都需要合作伙伴。如果我们说服他们购买了不符合其最佳利益的产品或服务，那么我们会在短期内获得支持，但从长期来看，这牺牲了我们的信誉。对客户无效或无用的项目，如果通过使用说服技巧获得了客户的支持，这实际上押上了我们的未来。每个人都面临巨大的压力，诸如获得预算支持、增加销售额、参与创新工作并为组织贡献一些独特的价值，但如果允许这些压力引导我们做出无法兑现的承诺，我们就会陷入困境。

还有一个关于销售的想法，传统的销售技巧强调克服异议并完成交易。最好的营销不会过分关注销售成单的技术，而是专注于帮助客户在公司内部或外部得到理解和支持。从本质上讲，人们购买的是被理解的感受。

第二，客户及合作伙伴联络。每个部门中的每个人都有机会与客户和合作伙伴共事，这是基于每个人都对客户负责的概念。

*愿景：作为一个团队运营，每个人都对团队的成功负责。*行动：第一，绩效标准。管理者可以根据人们为同事的成功做出的贡献衡量其表现。一些管理者认为，鼓励组织内部竞争是一种强化激励的手段。销售人员根据销售业绩公开排名，不同的部门被赋予相同的任务，以确定谁可以提出最好、最快的解决方案。作为一种赞美或激励，有些人被与其他人公开比较，这些策略有助于强化员工“职业生涯第一、为组织服务第二”的理念，但这实际上是本末倒置的 。

第二，同侪招募。团队集体面试新员工，以便每个人都有责任选择新同事。任何一名团队成员，包括他的上司在内，都对候选人拥有否决权。

*愿景：物理空间反映了我们在业务中都是合作伙伴的事实，我们想最大限度地减少组织内部和不同职能之间的距离感和恐惧感。*行动：第一，办公地点。跨部门之间的关系难以管理，可以将来自不同部门的人员安排在一起，不再按照职能分组，而是让营销、财务、政府监管、研发、制造、软件开发和人力资源等部门的员工混坐在一起。这样做，可以时时提醒所有员工，他们都是组织的一部分。

第二，办公室的面积大小和装饰。所有级别的人员都使用面积相同、同样具有吸引力的办公室——舒适但不简陋，也不奢华。

第三，餐厅。消灭行政餐厅，消除隔阂感，高层管理人员在自助餐厅里就餐。现在许多地方都在工作空间的中心地带设有餐饮和厨房设施。食物是热情好客的普遍象征，就让它出现在最核心的位置吧！

第四，停车位。先到先得——对早到者的奖励。

第五，会议室。物理环境象征着我们想要人们如何彼此沟通的意图，如果意图是每个人都有份儿，那么坐成圆圈形就是最合适的。当我们在一个圆圈中相遇时，没有头桌或尾桌的分别，每个人都能很容易地看到其他人。狭长的房间和桌子是典型的会议室布置，具有强化权力差异的效果。狭窄的桌子甚至是U形的桌子禁止对话，因为你实际上看不到坐在桌子同侧的人，必须身体前倾或后倾才能进行眼神交流。

召集大型管理会议或员工会议，请远离礼堂，改用自助餐厅。礼堂设有不可移动的座椅和舞台，专为明星系统设计，而员工会议的目的是减少不同级别之间的距离，应当让空间设置反映出这一点。

自助餐厅属于员工。在自助餐厅里开会意味着管理层在融入他们，自助餐厅也没有礼堂的刻板，其中的桌椅可移动，没有舞台，没有明星。

第六，让高管离开最高楼层。如果最高管理层的存在是为了支持和服务组织中的其他成员，那么就把高管放在最低楼层，分散开来，以便人们随时可以找到他们，这样做的目的是减少隔离。管理人员不需要地位符号激励他们在工作中找到意义。创造地位和权力的象征符号只会强化追求狭隘的自身利益。拿走一些办公室装饰，可以帮助组织找出哪些高管在忙业务，哪些高管在摆姿势。有人说优雅的行政装饰是为了让外界的客户、供应商、银行家、社区对我们感到印象深刻，然而，这是一个站不住脚的理由，如果你真的需要这种效果，可以为此预留一些特殊的房间。

当然，我们也会因为把物理环境看得太重要而忘乎所以。有时，房间只是一个房间。然而，建筑师和空间设计师往往对组织规范、组织地位和文化抱有相当传统的、家长制的观点。建筑和装饰需要从我们的愿景中导出。

*愿景：人们应该感受到支持。*行动：第一，无指责会议。创建一个基本原则——禁止任何指责，尤其是不指责不在房间里的任何人。当我们责备不在场的人时，我们没有意识到，在指责他们的那一刻，他们正在就我们进行同样的对话。如果房间里的人彼此感到太过沮丧，这时必须先表达负面情绪，然后才能继

续处理手头上的业务，那么干脆留出 20 分钟的时间，让人们说个够。不过基本原则是，会议室里的人只能指责，不得为自己辩护，在 20 分钟的指责时间之后，休息 5 分钟，然后重新召开会议并继续议程。

第二，给予积极的反馈。在大多数组织中，人们都很难获得支持。我们很难知道自己做对的是什么。即使我们取得了不错的成绩，也不确定我们尝试过的无数项目中哪些会带来什么不同。在大多数文化中，具体的、积极的、个性化的反馈具有尚未开发的潜力。每次会议都以讨论我们在本次会议中彼此收到哪些“礼物”为结尾，忘记所谓的“我们下次会做得更好”的说法，没有什么下一次。

第三，减少以威胁作为一种策略。对大多数人而言，对失败的恐惧如此根深蒂固，以至于组织不需要做任何事情强化这一点。威胁和异口同声地“建设性”反馈，实际上是负面反馈，强化了小心谨慎和间接曲折的策略。在工作、生活中，即便没有管理层将恐惧作为一种工具，我们也已经如履薄冰。

第5章
与“盟友”和“敌对者”谈判

我们需要别人的支持用来实现我们的愿景，他们也需要我们。我们希望用户、供应商、下属和上司的愿景都能与我们的愿景保持一致。本章探讨的是如何处理我们的互依关系，以及生活从未如此简单的事实。创建了愿景之后，我们的任务就是在坚定拥护自己的信仰与不因此疏远他人之间平衡。我们希望被授权，但不要以牺牲别人为代价。我们通过选择创业循环做到这一点。

颇具挑战性的是，我们如何成为自己职能部门利益的倡导者，既表明我们对服务、对贡献的承诺，又做到善待他人，换言之，如何做到开明自利。我们想赢，但不是不择手段。还记得艾伦吗？他在制药公司建立创业部门的愿景既具有战略意义，又具有崇高性，但他对待上司咄咄逼人，有时还不屑一顾，这最终导致了他的下台。

其中关键的是拥有愿景并以积极的方式谈判、协调。光做到正确是不够的。我们在处理每一次冲突时都知道，我们与他人打交道的方式，无论站在我们这边还是不站在我们这边，对创建自主选择的组织来说都是具有决定性意义的。

关键技巧：谈判一致与谈判信任

我们需要影响的人最终成为“敌对者”还是“盟友”，这取决于两个因素：一致度和信任度。我们要么同意要么不同意前行的方向，要么信任要么不信任彼此成就未来的方式。一致或冲突可能发生在相当抽象的愿景之上，或者更频繁地发生在项目目标和要求之上。普遍地讲，信任要么是建立在相互联系和诚信的基础上，要么是毁在这两个方面上。相互联系意味着其他人的立场是有价值的，即使他们可能反对我们的立场。诚信意味着我们信守承诺并正大光明地运营。这里的诀窍在于弄清楚利益相关者的立场，然后以符合共同愿景和目标的方式影响他们。我们可以通过创建一个矩阵研究一致度和信任度这两个维度（见图 5-1）。

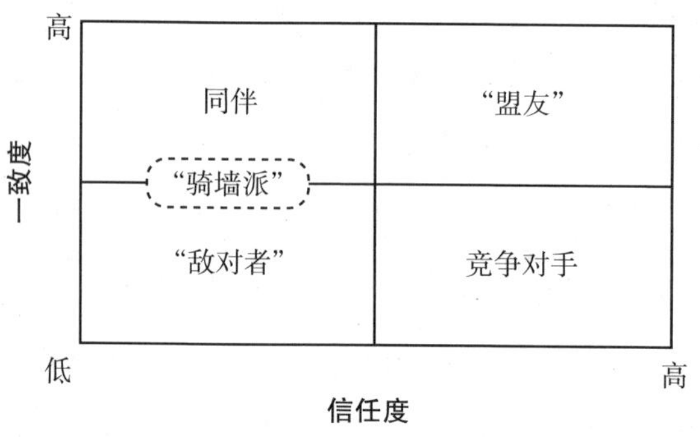

图 5–1　谈判一致与谈判信任的矩阵

首先，我们确定在我们的客户、合作伙伴、上司、下属和其他组织中，我们需要谁来帮助我们的项目获得成功，每个人都可以被放置在矩阵上的某个位置。根据一致度和信任度，我们可以为每个人制定一种方法，这大体可以通过以下 3 个步骤实现。

（1）交换愿景、目的或目标。

（2）确认双方的一致度或通过谈判达成一致意见。

（3）确认双方的信任度或通过谈判加强信任。

在试图将愿景转化为行动的那一刻，我们开始变得政治化。我们面临的第一个问题是：“谁与我们分享共同的目的和愿景？”通过与周围人的对话，我们发现了支持者。弄清楚周围的人是否分享我们的愿景，或者他们对未来的愿景至少与我们有所兼容，我们彼此就开始了契合的过程。别人与我们的愿景完全相同的情况相当少见，但彼此的愿景可以和谐共存是很常见的。

我们养成谈论愿景的习惯，由此发现究竟谁与我们共享一个愿景。我告诉你，我想要什么，我问你对于未来的承诺。在没有实际问过的情况下，我们很容易对其他人的立场做出假设。有时，我们仅凭人们的声誉或远距离的推断就认为他们是“敌对者”。不要仅仅因为朋友的几句话就相信这个人是“敌对者”，传闻的信息在法庭上不被受理，在谁是支持者的决策中也不被承认。

“盟友”：高一致度 / 高信任度

那些与我们拥有共同的愿望、以可信的方式取得成功的人，就会成为我们的“盟友”。对待“盟友”的策略是将他们视为我们组织的一部分，视其为友，并让他们确切地知道我们所在的部门或组织的规划和期望，让他们参与讨论我们存在哪些缺点，并对我们正在做的事情予以质疑。在许多方面，我们接近“盟友”的方式是把我们最糟糕的一面展现出来。“盟友”可以做许多我们自己无法做到的事情，我们经常会遇到非常难以沟通的“敌对者”，这时可以让“盟友”直接与我们的“敌对者”打交道，希望比我们自己出面能够得到更为积极的回应。

“盟友”不仅与我们拥有共同的愿景，同时也是我们非常信任的人。信任组织中的个体就是相信他们会告诉我们真相，并且他们会对所见到的事情（包括我们自身的行为）完全以诚相告。“盟友”是那些我们可以和盘托出而不必有任何顾虑的人。

“盟友”位于矩阵的右上角：对目的、目标和愿景高度一致，高度信任（见图 5-2）。对待“盟友”的基本策略是将他们带入我们的圈子并将其视为圈子中的一分子。

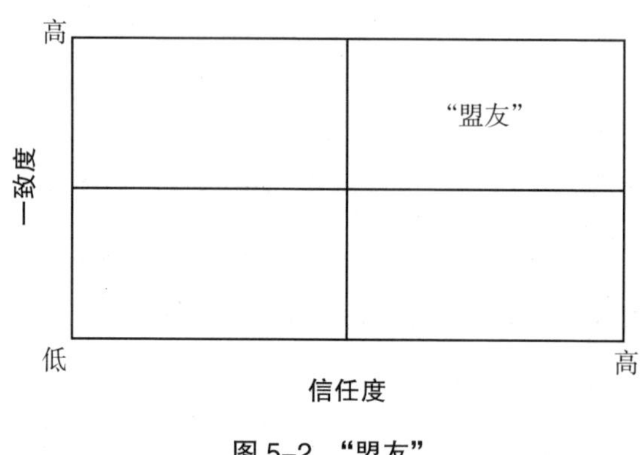

图 5–2 “盟友”

我们的“盟友”可能来自几个团体，有客户或用户中最会使用我们产品或服务的人，也有上司中支持我们工作的“盟友”，还有那些我们总能开诚布公地讨论组织问题的人。高层的“盟友”向我们提供内部信息，以帮助我们避免出错。我们希望第三团体的“盟友”由我们的下属组成。当下属的愿景与我们的愿景发生冲突时，事情会比较难办，如果恰巧我们也并不信任那个人，那种情形就不可容忍了。

处理与“盟友”的关系有以下 4 个步骤。在与“盟友”的每一次接触中，每个步骤都很重要。

（1）确认项目或愿景的一致性。能够将愿景传达给我们周围的所有人，尤其是我们的“盟友”，这一点非常重要。需要告诉他们，我们的愿景是什么，我们会做到怎样的伟大，转而重申这是他们可以支持和确信的方向。工作中积极的政治关系，如我们与“盟友”“敌对者”或“骑墙派”的关系，往往是互惠的。我们认为，“盟友”也以同样的方式看待我们。我们对“盟友”的支持非常重要，因为我们可以支持他们靠近自己组织的目标。与“盟友”讨论我们的愿景和目标对于重申这种互惠关系非常重要。

（2）重申“盟友”关系的质量。我们的“盟友”需要知道我们对他们的感受，以及他们正在做的什么事情促进了我们之间的关系，我们之间存在的诚信需要不断地亲口重申。在组织生活中，存在回避沟通关系中积极一面的倾向，我们必须经常对“盟友”说：“我相信你告诉我的事情；我觉得你对我很诚实，我感觉我和你是一样的，这就是给我们的关系带来意义的东西。”然后，我们应该说出最近他们所做的那些有价值的事例。

（3）承认我们对愿景和项目的疑虑与脆弱。“盟友”需要知道我们如何处理与竞争对手和“骑墙派”的关系。对待“盟友”，我们总是能够坦承自己的过失与难处，露出自己最糟糕的一面。

（4）寻求建议和支持。我们需要“盟友”确认我们的方法，让他们提供其他参与者的信息。事实上，在我们自编的情节剧中，许多被视为竞争对手或难缠的人，其实只是我们从自己的视角出发得出的认知。有一种倾向是，人们常常基于非常少的数据看待“敌对者”，有时甚至他们并不是真的存在。“盟友”帮助我们评估我们的认知，了解我们面临的困难的程度。

对我们最重要并且可能最有帮助的“盟友”，是那些重视我们所做的事业并分享我们运营目标的客户。让客户谈论我们的服务以及如何拓展业务是有效的。许多组织已经开始定期与其内部客户会面，目的是获得重要反馈：包括他们如何开展业务，他们正在做的哪些事情值得感谢，以及客户想要什么样的未来。这相当于在内部进行多年来在外部市场上所做的市场研究。以下这样的机制被称为“搜索会议”：一个部门与主要客户以及由对该部门感兴趣的某些经理组成的小组在一起会面几天，重点是了解外部人员如何看待该部门，客户如何看待该部门的发展方向，以及客户和其他外部人员在未来 3 ~ 5 年内将遇到的问题，所有这些都成为了解当前和未来服务 / 产品性质的重要信息。这类会议提供了通过其他方式难以得到的反馈，并增强了该部门与客户的关系。

竞争对手：高信任度 / 低一致度

如果我们观察矩阵的右下角，就会找到我们信任的人，他们不同意我们的方向或目标，与我们享有诚实与高度信任的关系，但有相互矛盾的愿景、目标或方法，他们是我们的竞争对手（见图 5-3）。

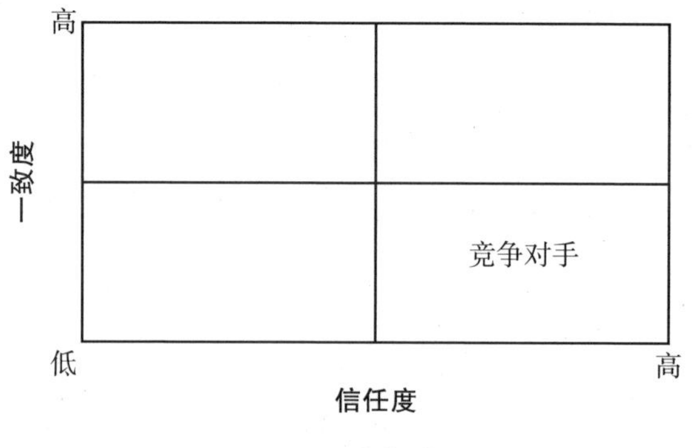

图 5–3　竞争对手

竞争对手的任务是逼我们做最好的自己。我们需要感谢那些以高度信任的方式反对我们的人，因为他们把现实和务实的因素带入我们的计划中，他们挑战我们正在做的事情，以使我们组织中的个人更强大、使我们的战略更有效。有时，与让我们日子不好过的竞争对手进行对话时，感觉并非如此。如果扪心自问，我们想从讨论中得到什么，那就是正确的、独特的、确认能获得胜利的东西。然而，我们的目标不仅仅是赢得胜利。如果我们想要的只是正确的、独特的方式，我们会选择一个阻力最小的竞技场。在组织中工作，带着愿景、靠近荒野、抱着希望、在工作中找到意义，就是选择一个不安全和有困难的地方。我们知道，如果选择一个不安全和有困难的舞台，那将成就最好的自己，朝向愿景的前进对我们具有更大的意义。这就是为什么竞争对手如此有价值。

就像打网球这样的运动，如果我们问自己为什么打网球，答案是“赢”，那么我们会找一些不会打网球的人进行比赛。我们会问某人：“你知道如何打网球吗？”如果那个人说“不知道”，那么我们会说，“好。这是球拍，你站在球场的另一边，我会发一个球给你。”然后我们发球，那个人不知道该怎么做，不会击球，比分会是15∶0。然后我们告诉对手，“向左移动大约15英尺[①]，然后站在那里。”我们接着发第二个球，对手不会击球，比分为30∶0。比赛继续下去，我们会赢得每一分，对手会失去每一分，我们原本可以度过一个更美好的下午。

现实情况是，当我们从事体育运动时，“赢”不是我们所寻求的，也不是我们在组织中所需要的。竞争对手的任务是逼出我们最好的状态，竞争对手的表现越棒，我们的表现也就越强。[②]我们都有棋逢对手的最佳体验，这就是为什么我们喜欢比赛，为什么喜欢竞技，为什么持续得分，我们就是为了考验自己。

对我们的职能工作来说，那些属于竞争对手一类的人是巨大的财富，以下是与竞争对手打交道的步骤，我们可以从中看到他们存在的价值。

（1）重申关系的质量以及这种关系基于信任的事实。告诉竞争对手我们重视他们，因为他们总是据实相告，这是我们每一步都需要他们的地方。

（2）陈述我们的立场，向竞争对手传达我们要做的事情的愿景和目标，以及我们想与他们讨论的项目细节。

（3）以中立的方式陈述我们看待他们的立场。我们知道他们是竞争对手，并

---

① 1英尺=0.3048米。

② 我第一次听到这个例子是从 蒂姆·葛维（Tim Gallwey）那里，他是学习和表现“内在游戏”方法的创始人。

且进行了一些交谈，他们得出了与我们不同的观点。我们对于目标甚至愿景持不同的意见，我们的任务是了解他们的立场，完成这项任务的方式是积极陈述他们的论点，陈述的内容应该让他们理解和认可。

（4）找到一些解决问题的方法。我们与竞争对手协商为实现特定目标所采取的措施。我们需要的只是解决问题的技巧、寻找替代方案的方式，以及看待这些替代方案结果的方式。然后，我们与竞争对手进行最大限度的谈判，因为我们知道，由于强大的关系质量，我们会找到一些方法与他们达成共识。

很多时候，我们认为“敌对者”就是竞争对手，检验的关键是我们是否信任这些人。我们信任的人不是“敌对者”，而是站在不同立场的人，我们的任务就是接纳这些人，并与之对话，如果他们是我们的用户，就更应如此。用户告诉我们，他们需要的真正的产品或服务是什么样的。对服务或产品的创建者来说，他们很容易自作主张、闭门造车。在实现愿景的过程中，以客户为中心的本质就是让客户教会我们如何开展业务，这需要通过对话进行，最有用的对话是与那些看重我们、信任我们但不满意我们服务的人展开的，他们提供了我们自己无法得到的市场线索，否则我们很难知道为什么人们不用我们的服务或产品、不重视我们的工作。当我们既想知道又很矛盾时，我们很难获得这些信息。在很多方面，竞争对手以“沮丧的客户”这一形式为我们提供了一条线索，告诉我们需要做些什么才能为我们的工作赢得更多的支持。

同伴：高一致度 / 低信任度

在矩阵的左上方象限（见图 5-4）中，在如何往前走这件事上，我们的同伴与我们想法一致，但我们对他们的信任程度处于低到中等的水平。这些人符合我们的愿景和目标，但是当我们与他们接触时，他们并没有告诉我们全部实情。又或者，当我们寻求帮助时，他们反应迟缓或并不情愿。与他们会面时，需要有策略、谨慎地共享信息，这些是信任问题，并非是否一致的问题。

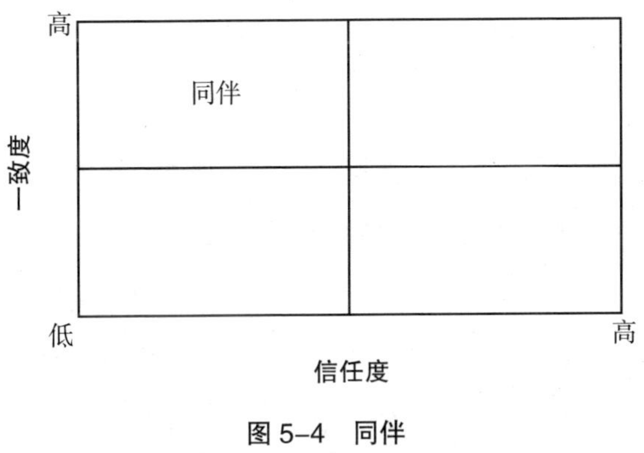

图 5–4　同伴

与同伴打交道时，关键是忠实于我们的愿景。有一种倾向是对待我们不信任的人采取明智、操纵或绕开的做法。在这样的时刻，我们可能在推动组织朝着愿景前进的方面服务于我们的最终目标，但这样做破坏了我们希望人们在组织内部如何相互对待的愿景。这就是在愿景中包括我们希望人们如何对待彼此是如此重要的原因。这种期望让我们对与同伴和“敌对者”打交道的方式负责。当我们不完全信任别人时，通常会认为这是他们的错。我们说他们不信任我们。我们有证据证明他们的所作所为是不可信的。即使面对这种情况，我们也要善待他们。在这种低信任关系中，我们就目的和方向达成一致意见的顺序如下。

（1）重申一致性。我们陈述我们的目标（包括对项目的目标）乃至我们的愿景。我们重申同伴已经给予的支持，承认并重视从他们那里获得的关于活动的支持。

（2）承认存在的小心谨慎。我们需要说明这样一个事实，即我们对过去对话的真诚和直接程度有所保留。这一步的关键是谈论关系中的困难，而不是对方的困难。在某种程度上，我们必须承认，事实上，我们在这种关系中制造了一些困难，我们的愿望是找到一种方式推进这个项目，承认我们之间存在的审慎态度。

（3）明确地知道我们想从同伴那里得到什么。我们希望同伴清楚我们的立场。我们希望他们给予我们的不仅仅是口头上的承诺；我们可能希望他们采取行动，这将给他们带来一定的风险。我们也希望他们能让我们充分地了解这个项目的进展情况。我们希望在风暴即将来临之时得到预警。这里的关键是我们要清楚自己想要什么，不是关于项目及其目标，而是关于我们如何合作。

（4）让同伴也这样对待我们。我们问同伴想从我们这里得到什么。他们越能表达对我们的失望或有所保留，我们能期望的未来就越好。组织中的关系极其脆弱，往往成于数年，毁于一旦。我们希望与同伴建立足够信任的关系，以从现有的支持中获得价值。即使不喜欢他们所说的话，我们也要问他们想要什么并给予支持，与他们相处的关键是不要觉得我们必须为自己辩护，正确无济于事，我们的目的是使他们感到被理解。因为缺乏信任，同伴和“敌对者”是最难管理的关系类型，我们总有一些遭遇不公平对待的证据。在某种程度上，我们必须原谅同伴，并看到他们（通过我们的眼睛）不值得信任的行为并非有意伤害，而可能是其自身脆弱的结果，他们陷入官僚循环中不能自拔，因此我们可以原谅他们小心谨慎和自我保护的选择。

（5）尽量与同伴就如何共同合作达成共识。从本质上讲，我们谈论从这种关系中想要得到什么。我们试图与同伴就如何继续合作订立一份社会契约，确定如果事情进展不利，我们可以做些什么。

在我们的谈判中需要排除威胁的因素，因为威胁不是我们正在努力创造的世界的一部分。谈判的目标是对如何彼此合作以及如何管理这种关系进行现实的讨论，与同伴交易的传统画面是在烟雾缭绕的密室中进行的，在最后一分钟才亮出王牌，把这些留给电影情节和议会大厦吧，我们的真实旅途将在大街上上演，有目共睹，一览无遗。

“骑墙派”：低信任度 / 未知的一致度

“骑墙派”是根本不会支持或反对我们的人，我们与他们谈判是为了找到一个在混乱中代表秩序的人（见图 5-5）。

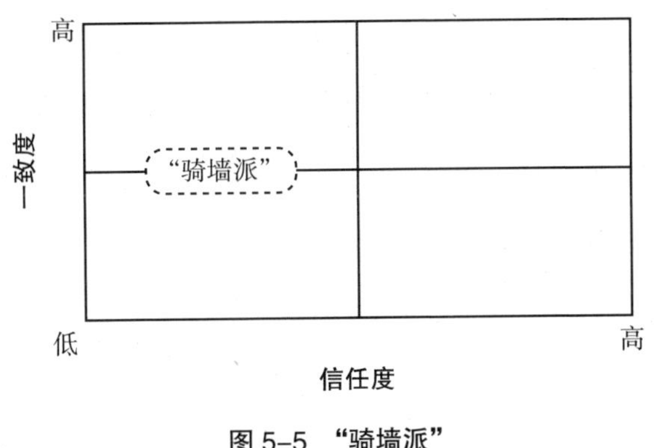

图 5–5　“骑墙派”

“骑墙派”很会聊天并深谙人际关系的所有要领，他们的优势由一系列培训课程造就，懂得得体的眼神交流和积极强化的重要性，懂得倾听，爱笑，知道如何包装问题，以便在理解替代观点以及需要更多、更好的数据时，能让明显的冲突俨然消失。对待一个“骑墙派”，我们能做到耐心和谨慎就不错了。在会议结束时，你总是不太确定是否已经做出决定，谈话结束时观点似乎很清晰，但是一走出房间，这种清晰就会消失。

“骑墙派”的内心充满疑虑。风险和不确定性主导了我们与他们的讨论。基本上，“骑墙派”起到的是吹毛求疵的编辑功能，是表面文章的胜利。“骑墙派”的上司喜欢审查并签署所有书面信件，给出的承诺基本上是虚头巴脑的而且充满了不确定性，乐于谈论规则和规定，异常关注某些不在场人士的立场和感受，他们最常用的借口就是，时机永远不够成熟。

“骑墙派”会表现得比你更加适应“现实的情况”。他们行动缓慢，并表现出成熟和克制。“骑墙派”的悲剧在于无助感。小心谨慎和不置可否是一种不安的心态。对“骑墙派”而言，危险在前，机会在后，他们关注的是死亡和失败，而不是对生命的肯定。“骑墙派”因过分谨慎而能量殆尽、令人失望。我们很难相信“骑墙派”，只要稍有风吹草动，双方之间达成的共识也会随风消逝。这就是“骑墙派”朝向矩阵中左侧“低信任”一端的原因。

基本上，我们与“骑墙派”交往的策略是试图将他们从这种状态中带出来，试图了解他们的立场，鼓励他们对我们的项目明确立场，不要漠不关心地关上房门。具体步骤如下。

（1）陈述我们对项目的立场，说明我们的方向、愿景、目标，以及为什么这项工作对我们和所在机构都很重要。

（2）询问“骑墙派”的立场，不要激烈地评判，而是鼓励他们表达自己的意见、疑虑和担忧，并说“谢谢”。

（3）轻微施压。如果他们是真正的“骑墙派”，他们就会说他们想要收集更多的数据，想了解更多的情况，并做出所有“骑墙派”都会做的那些事情。我们需要对他们的中立表达顾虑，请求他们的支持。当他们的支持缺位时，我们需要说出由于他们没能明确立场使我们非常为难，我们希望他们表明立场。

（4）鼓励“骑墙派”就问题三思，让他们告知如何才能给予我们支持。从某种意义上讲，我们要温和地面对他们没有表明立场的现实，但是，当他们对问题表明清晰的立场时，我们也会敞开大门让他们进来。

“骑墙派”不值得我们花费太多的精力。基本上，在安全的情况下，他们会根据自己的决定表明立场，而我们几乎无法影响他们。如果我们的上司是“骑墙派”，我们可以告诉自己焉知非福。当上司不表明立场、无动于衷或向我们发出混乱的信号时，这就意味着我们获得了寻求自主道路的许可。一心期待上司采取强有力的支持立场，这也是我们期望安全和认可的另一种表现——从属依赖。我们选择了愿景，并且知道有责任创建这个组织，有能力在没有“家长”批准的情况下继续前行。“骑墙派”的上司增加了我们面临的危险，但这有什么大不了的？上司越谨慎，我们就越需要强大的力量前进，这让我们有机会走进风雨。

“骑墙派”是我们自己小心谨慎一面的真实写照，对此我们可以谅解。如果我们的安全愿望没有那么深切，就不会如此严厉地反对其他人的谨慎态度。接受他人的谨慎意味着接受自己的谨慎或不确定性。在我们抱怨上司谨小慎微的同时，某个下属正在某个地方同样谈论着我们。当我们清楚地看到这一点时，勇敢之路将来得更加容易，接受别人的骑墙也变得更简单，我们也更能放下。

“敌对者”：低一致度 / 低信任度

“敌对者”落入矩阵的低一致度 / 低信任度象限（见图 5-6）。从某种程度上讲，他们是我们必须打交道的、最有吸引力、最有趣的人，也是那些最占据我们心理能量和时间的人。

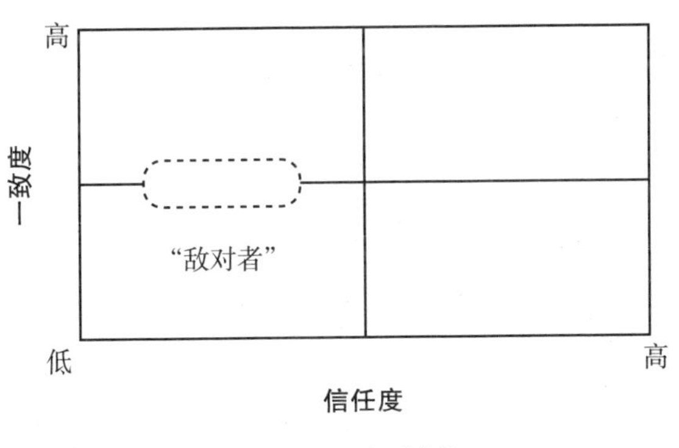

图 5–6　“敌对者”

在组织中，“敌对者”是我们没有谈判余地的人。如果我们称某人为“敌对者”，就说明情况已经很糟糕。在我们尝试展开的谈判失败之前，人们要么是同伴要么是竞争对手，只有当我们试图达成共识和取得信任都失败时，对方才会成为“敌对者”。很多时候，我们将其他人视为“敌对者”，但事实上与他们很少谈话、很少接触，永远不要让第三方的看法影响了我们，小道消息就是小道消息，固然有趣但完全不可靠，其实我们所听到的只是第三方对某个人的心理投射。

与“敌对者”打交道的第一步是找出他们是否应该得到这个头衔，唯一的方法是与他们直接接触，传达我们的愿景和目标；请求他们的支持，并听取他们的回答。这样做最难的地方是，那些称得上“敌对者”的人实际上是我们不信任的人，我们不愿意与不信任的人吐露心声。

我们可以在“敌对者”身上做一种情感投资，一部分原因是就像“骑墙派”一样，“敌对者”代表了我们自己身上不自在的一面或者说是天性中的阴暗面。因此，无论“敌对者”的行为如何，我们还是应当做这种投资。当“敌对者”采取行动与我们改善关系时，我们通常会持怀疑态度，会自圆其说：“嗯，他们这次是做了好事，但并非发自内心。”当然，我们总会有一个或者听过一个关于他们的故事，故事证明了我们采取的立场是对的。要了解我们的“敌对者”，就要了解我们为什么如此投入和关心他们的行为。“敌对者”通常以我们绝不允许自己采用的方式行事，在某些方面，他们是我们嫉妒的对象，因为当我们觉得这种可能性不对我们开放时，他们却可以这样做并侥幸逃脱。“敌对者”成为我们对自己怀疑的投射。因此，我们希望转变或摧毁“敌对者”。一厢情愿的想法是，如果我能够转变或摧毁我的“敌对者”，那么他们所采取的行动将会以某种方式被消除。战胜“敌对者”给了我们将自己变得更加强大的幻想。

我们“创造”“敌对者”的方式比较微妙，但值得研究。例如，让我们来看看我的一个老“敌对者”——艾德。在我看来，艾德似乎拥有一种愿景，即认为高度控制、高度结构化、小心谨慎和息事宁人是使组织运转变得更为有效的方法。我无法了解艾德的真实故事，因此对他不太信任。他并没有直接反对我，而是表明组织中的其他人反对我的提议。当我声称艾德错了——其他经理实际上说他们喜欢我的项目，艾德告诉我，是我错了，是这些人对我不诚实，他们只说我想听的事情。艾德会和我一直兜圈子，直到最终的关系恶化到我们不相往来的程度。

对我来说，艾德成了那种在组织中“最好没有的那个人”的化身。我渴望艾德转岗或失去影响力的那一天的到来。最初，我希望他有所转变。我梦见有一天，艾德在大厅拦住我说：“彼得，我一直在思考你在说什么，突然意识到你一直都是对的。我确实想要太多的控制、太多的结构化，我太过谨慎，总想息事宁人，而且我对你说实话，不是其他人在怀疑你做的事情，实际上是我自己在怀疑，我应该更直截了当。我看到了一丝希望，从现在开始，你将获得我的全力支持。”这样的谈话当然没有发生过，这只是我的梦，艾德从未改变，我们仍然是彼此的“敌对者”。艾德的转变不仅没有发生，他在组织中的影响力反而增强了，因此我都没来得及看到他的笑话。

那么，我对这段关系的投资是什么呢？说来也怪，艾德代表了我很难接受自己的那一面：过分控制、过度结构化、过于谨慎和爱做表面文章，这些反映了我性格中的阴暗面，因此我对艾德表示拒绝和不赞成，我没有感到自己有资格采取专制、谨慎、结构化、表面化的方式行事，即便有时我这样做了。

所有人的身上都有需要努力压制的一面，然后我们会遇到像艾德一样的人，他们公然以令人反感的方式行事。我们之所以对艾德产生负面情绪，原因在于他提醒我们认识到自己身上的阴影。从这个意义上讲，对艾德的看法是我们自己应当负责的事情，这是我们的心理投射。艾德确实是过分控制、过度结构化以及过于小心谨慎和喜欢拐弯抹角，但是我们选择了将其与邪恶等同起来。我们本可以选择看看艾德究竟是什么样的人，接受我们无法改变他的事实，尽我们所能地继续推进业务。但是，我们不再继续前进，而是选择对抗艾德。当与他在一起时，我们咄咄逼人，向“盟友”抱怨他，甚至在多年没见面的情况下，我还在书中写到了艾德的事情。据我所知，他的晚年可能都在中美洲致力于扶贫、正义和平等事业。

遗憾的是，我们越是试图改变和压迫我们的“敌对者”，他们反而越强大，他们拥有自己的愿景并且会锲而不舍，即使那些愿景和行动对组织具有破坏性，我们也无能为力。根据定义，“敌对者”是我们不信任的人，这意味着我们处于最不能对他们施加影响的位置上，解决方案是为了我们和他们的利益，放过“敌对者”，这意味着停止试图说服他们，停止做任何破坏或摧毁他们的事情，停止给予他们力量，我们的目标是减少关系中存在的紧张和威胁。有两种方法可以做到这一点。第一种方法是完全避免与他们的接触。既然知道他们会千方百计地逼出我们最糟糕的一面，为什么还要自愿与他们见面？如果不能避免与“敌对者”接触，第二种方法则是让他们感受到被理解，降低他们的威胁。如果能让“敌对者”知道我们理解他们的目标和做事的方式，那么双方就都可以放手了。

放过“敌对者”的策略可以分为以下 4 个步骤。

（1）说明我们对项目的意图。我们希望“敌对者”尽可能地清楚我们正在做什么以及为什么要这样做。这代表了我们希望、理性和善意的态度。虽然心知肚明“敌对者”的反抗往往与理性无关，但还是值得一试。

（2）以中立的方式陈述我们对“敌对者”立场的最佳理解。要表明一个相反的立场而不让它听起来不合理是很困难的。令人担心的是，如果我们以一种合理的方式陈述敌对的立场，听起来像我们支持这个立场。重申一个立场并不意味着我们同意，只是我们可以接受宇宙之间还有另类的观点这一事实。与“敌对者”相处的目标之一是缓和局势，不再是争取转变或胜利。减少威胁的方法是沟通、理解，不是达成共识，只是给予理解。

（3）识别我们对问题本身的责任。如果向“敌对者”表达理解似乎很难，那么告诉他们我们采取了什么措施对抗他们的做法，这看起来更像是一种自杀行为。令人担心的是，如果我们向“敌对者”承认，我们绕过他们四处游说，忽略他们的立场，或者在高管面前打小报告，那就向他们提供了对付我们的弹药。解决这种担心问题的一种方式，是认识到“敌对者”对我们造成的伤害都已经发生，组织中的战争游戏放在光天化日之下会无所遁形，操纵策略只能在黑暗中肆意，当我们把自己的好斗行为曝光时，就可以消除我们自己和敌人手中的武器。我们害怕披露信息的第二个原因是，“敌对者”总是知道我们做了什么，我们根本没有秘密，即使他们并不是很确切地知道我们的行为，但也能感觉到。

人们很容易认为，我们是在与“敌对者”争夺第三方的支持。

在官僚主义文化中，承认对于问题的出现我们也有一定的责任，是一种解除武装的行为，是隐含地在承诺我方停止敌对行动，这是有助于支持愿景实现的建设性行为，可能无法赢得“敌对者”的支持，但足以让旁观者、上级高层和第三方更容易选择站在我们这一边。然而，承认自己对造成问题负有一定的责任，不能作为一个说服策略，否则就是一种微妙的操纵形式。我们对自己行动的那部分负责，这是我们关于整个组织运作价值观的一种声明。

（4）按计划结束会议，不要提别的要求。我们不希望别人对我们的行为感到惊讶，所以我们告诉“敌对者”打算做什么。放过“敌对者”并不意味着我们放弃了愿景或目标，而意味着我们必须从另一个管理层级获得支持。如果“敌对者”直接阻碍我们，我们可能不得不直接向高级管理层寻求我们想要的。这有点冒险，但可以做。我们只需要与“敌对者”分享这些信息。我们告知他们将会见他们的上司，会议将于周五下午3点举行，而张三、李四和王五将会参加。分享我们的计划可能会使周五的会议难以如期举行，但这是在不操纵的情况下与他们周旋的唯一方式。

这一步的第二部分是离开会议时不提新的要求。放过我们的“敌对者”意味着我们没有任何期望。如果对“敌对者”提出要求可能会达成某种协议，意味着谈判就存在可能，那么我们就不得不质疑一下这些人是否真的是我们的“敌对者”。

没有提出要求就结束会议确实很难。我们对互惠互利拥有强烈的直觉，如果我们已经承认对问题的形成负有责任，并披露了我们的计划，就会希望得到类似的回应。如果我们不能在没有提出要求的情况下离开会议，那么就是没有准备好放手。是放手，还是抱着改过自新的希望继续奋斗，抑或取得胜利，这个选择可能是痛苦的。毕竟，培养和发展“敌对者”需要很长的时间。我们投入了大量的精力，进行了多次对话，并进行了一系列的打击，但只获得了一些局部胜利。此外，“敌对者”帮助我们定义了我们是谁。通过与他人的较量，我们发现了自己信念的力量。

“敌对者”也为我们提供了一个“邪恶”的化身，让我们觉得自己是正义的。最重要的是，他们让我们摆脱了困境。如果没有他们，我们又该对我们梦想的破灭负什么责任呢？让我们难以接受的是，这些“敌对者”也有朋友和亲人，在我们看来，如此被误导的人居然拥有忠诚的“盟友”、值得信赖的对手、忠实的丈夫或妻子，而且在组织中的地位往往超过我们？放下这一切并不容易。但是，正如我的朋友迈克尔·约翰斯顿所说的，“释然吧”。

上司是“敌对者”

没有什么能比发现我们的上司是“敌对者”更糟糕的情形了。为一个我们不信任的人工作，为一个对未来与我们拥有不同看法的人工作，这是组织层面的痛苦，简直就是折磨。我们来到工作场所时，天生就带着对上司的不信任，所以我们的上司甚至在我们见面之前就开始加剧我们之间的疏远。如果上司在一开始就做出一些让我们感到痛苦的事情，那么这段关系就很难恢复。

对于为“敌对者”工作的两难困境没有真正的解决方案。这会让人很痛苦，而且能转化或胜利的机会十分渺茫。我们所能做的就是为上司的晋升或调动祈祷，并鼓励我们的上司认真考虑放弃无意义的竞争，在乡村开一家小旅馆，亲近大自然和家人。

重要的是要非常确定上司是真正的“敌对者”。上司有权力管理我们这一事实触发了我们不自信的一面，使我们过早地判断谈判已告失败。我们也可以与针锋相对的上司进行一场艰苦的谈判，因为我们没有什么可失去的。我见过许多人还没有表达出他们想要的东西，就过早地断定他们的上司是“敌对者”，我们拥有的一个主要选择，就是表现得好像上司只是一个竞争对手或同伴，具备谈判的可能性，或者我们干脆离开，去另一个部门寻找舒服的日子。

有些人谈论“管理你的上司”，但他们真正建议的是“操纵”你的上司。你会听到我们应该努力使上司看起来很棒，让他们认为这是他们自己的想法，告诉他们我们提出的建议符合他们的最佳利益，就这样循环往复。这些“技术”通常会困扰我们，是什么让我们认为上司是如此愚蠢，他们没有意识到发生了什么吗？当别人跟我们玩游戏时，我们通常都知道是什么让我们认为自己比周围的人更微妙、更聪明。所以我不建议你“操纵”上司，我们需要与老板光明正大地相处，否则我们将破坏自己的愿景，并沿着自己不屑的道路前行。我们的目的是什么——进步、权力、自尊、骄傲、现金还是更大的私人办公室？嗯，这一切确实具有一定的吸引力。

下属是“敌对者”

当有一个不可信任的下属时，你会感到备受折磨，但这次是别人更痛苦。对我们来说，拥有一个敌对的下属足够丧气，但对另一个人来说是一场噩梦。这里的解决方案也是放手，对于下属，我们要求他们离开。当然，第一选择是继续谈判并尝试重建某种信任。幸运的是，在大多数情况下，这将取得成功。我们可以和作为竞争对手、骑墙者甚至是同伴的下属在一起。目标是通过建立信任将下属转变为其中的一类人。当这样做行不通时，唯一慈悲的行为是要求下属退出。让一个你不信任、没有共同愿景的人代表组织面对客户是不能容忍的。所以，放下属一马，给他们一些支持，甚至给他介绍一个新职位，就这么去做吧。

看看我们在如何构建支持方面还有哪些选择，我们的目标是让人们走向矩阵的右上象限以增加信任度和一致度。将大部分时间花在当前的“盟友”身上，同时寻求新的“盟友”是有道理的。明确的愿景和真实的行为是争取支持的最佳方式。

我们的第二级能量流向我们的竞争对手，他们教会我们怎样理解市场，帮助我们共同行动。当我们不在场时，他们也会说我们的好。人们会倾听他们的意见，因为众所周知，竞争对手并不同意我们所做的一切。

第三个优先顺序是同伴。我们希望得到他们的支持，并且需要相当持久的联系才能保持脆弱的信任水平。“骑墙派”成为一种过往的幻想，因为他们最终会在我们无法控制的风吹草动上表明立场。

至于“敌对者”，我们还需要再举行两次会议。一次会议试图再次取得信任或达成共识；之后跟进一个会议，进行摊牌并说再见。

第 6 章
平衡自主与依赖

自主、相互依赖和授权的创业精神始于理解我们如何在心理上束缚了自己。我们从一开始就习惯于以高度的关注和尊重对待那些控制我们的人。这种对外部控制的渴望体现了我们的依赖性，以及我们相信幸福掌握在别人的手中的想法。在生活中，有些依赖是现实有用的，尤其在我们人生的早年阶段，依赖是必要的，我们理所当然地依赖一些人：家人、朋友、同学。然而，作为成年人，如果我们还相信自己的职场命运掌握在他人的手中，这就成为我们必须面对的问题，并且是涉及我们的自由、使命感的问题，需要我们努力加强必须在余生树立的意识。无论文化和工作场所发生了多大的变化，我们与权威之间复杂多变、暗流涌动的关系仍然不变。

我们身上依赖的一面表现为不愿意冒险或不愿意对所在组织的未来负责。对组织来说，这已成为一个关键问题，因为它们已经致力于变得更加精益，并将更多的责任放在每个人的身上。许多管理人员越来越意识到我们为过分控制付出的代价，他们开始相信，如果取消其中的一些控制措施，为组织服务的巨大正能量就会被释放出来。然而，在许多案例中发生了这种情况，我们在试图给予人们更多的责任时往往不受欢迎，甚至遭到了顽固的抵制。许多管理人员一再试图为人们打开参与的大门，却发现他们不愿意走进来。我之前描述了一个重大项目，我们让超市商店经理负责管理他们自己的商店，大约 20% 的管理人员选择了承担责任并开始那样做，大约 50% 的人谨慎地测试了我们的诚意，然后在 6 个月的时间里开始自己决策。令人沮丧的是，其他 30% 的人执意拒绝支配，他们一边对区域经理坚决服从，一边又继续抱怨高层管理人员不上心，没有足够的人力或资源来真正完成这项工作，特定地域的特殊性使得更多的本地决策行不通。

人们不愿意宣称自由的形式多种多样。每次我们成立一个队伍时，他们问的第一个问题便是："我们有多少权力？"当我们向他们保证他们确实拥有一些控制权时，他们会继续测试这一点。组织生活中最受欢迎的虚构人物是"他们"，我们一定是爱上了"他们"，因为我们一直在谈论"他们"。"他们"不会让我们这样做，"他们"干掉了带来坏消息的人，"他们"更关心形式而不是实质，"他们"不想听到问题，"他们"只是想要解决方案。"他们"不会下定决心，"他们"的领导力不足，"他们"强迫团体互相竞争，"他们"不想听到真相——凡此种种。

所有关于"他们"的说法都是暴露依赖性的一种形式。在组织中举办培训工作坊的这些年里，我从来没有在教室里遇到对的人。中层管理人员小组问的第一个问题是："高层管理人员是否已加入这个工作坊？"如果答案是否定的，中层管理人员小组便会回复说："如果它们不受我们上司的支持和奖励，怎么能指望我们尝试这些东西？"如果高层管理人员已经参加过工作坊的培训活动，中层管理人员小组的回答则会是："好吧，他们可能已经加入工作坊，但他们并没有真正地使用这些技能。"如果高层管理人员与他们一起参加工作坊的培训活动，他们又会声称："对我们来说，这没有问题，不过真正需要参训的是团队中的下一个级别。"这俨然就是各种免责声明的大合唱。仅仅将缺乏创业精神归咎于管理者不愿意放权，这只是一部分解释，如果我们真的想要改变组织的文化，必须剖析和理解我们自身依赖性的一面，并且看看我们能有哪些选择。

职场中的政治脚本

在职场中，我们的依赖性与所选择的政治行为密切相关。本书的基本宗旨之一，就是说明职场中的消极政治是我们给了周围的人和上司过多权力的直接产物。对于别人会用权力伤害我们的担心，使得我们惯于迂回和操纵。我们使用迂回的策略应对未达目标所产生的挫败感，捍卫操纵，声称外面是危险地带，讲真话就是选择失业和贫穷。当我们对职场中的消极政治司空见惯时，即使外部危险已经消失，我们仍会继续使用它，这就会出现问题。多年来，每个人都有一套与有权有势之人打交道的方法，这是我们职场中的政治脚本，是一种影响策略。无论我们的上司是谁或我们面临的是什么样的组织环境，通过理解这些脚本，我们最终能够做出选择而不是受控于它们。

与生活中的许多事情一样，我们的人生脚本很早就开始了。弱小的我们不得不面对被父母或监护人等一众成年人包围的无助感。对于我们当中的许多人来说，生命的前 6 个月一帆风顺，需要做的就是啼哭，于是“组织”（我们的家人）会动员起来找出问题并满足我们的需求。我们过的是国王和王后般的生活，只要吼出自己的要求，那些强有力的大人就会仔细检查，找出使我们不适的原因并且予以解决。我们拥有获得某种程度上的认可、关注、安全和控制所需要的一切技能，可能我们现在的挫败感源于人生过早地得到充分满足。

然而，在大约 6 个月的时候，一些事情发生了变化，导致我们再也没有恢复过来。大人们开始对我们说“不”。当我们变得好动和敢于冒险时，我们面临被炉灶烫伤、摔下楼梯和被尖锐物体刺伤的危险。我们发展出了一种专门对低矮咖啡桌上的贵重物品搞破坏的能力。在我们第一次走向自由的过程中，我们就被告知“不”。这就是所谓的社会化，一种旨在让我们在社会中安全地、协作地行动的约束系统。作为孩子，我们需要识时务并依赖别人。事实上，我们的命运掌握在别人的手中。好消息是，我们正在以某种方式得到照顾，否则我们无法长大成人。坏消息是，别人对如何照顾我们拥有他们的想法。作为孩子，我们的困境是如何在父母的约束下生活，并仍然得到我们想要的东西。我们对被关注、认同、安全和控制的需求只会越来越强烈，而在某些时候，无论我们多么讨人喜爱，父母的反应却总是我们做得还不够。我们的父母或监护人，在某种程度上也是人，也不完美，也令我们失望。面对自己的依赖性和挫折感，对于如何从有权支配我们的人那里得到我们想要的东西，我们开始制定策略。这些策略即迂回策略，就成了我们人生的政治脚本。这些脚本早年在家庭中得以创建和磨炼，在学校中得到进一步发展，在那里教师和机构的权威是绝对的。然后，我们将如何与权威工作的模式带入工作场所。上司成为我们的代理父母和老师，他们为我们重建了许多我们的父母和老师在我们童年时代带来的感受与困境。稍后我们将详细研究这些脚本，不过让我们先回到童年时代，看看我们是如何精于计算而得到我们想要的东西的。

在 6 个月大的时候，我们不仅要理解“不”这个词的含义，还开始发现父母也有需求。他们希望得到我们的一些认可！他们教给我们的第一句话就是他们的称谓：妈妈、爸爸，有时还有奶奶、爷爷、叔叔或阿姨。他们希望得到认可和喜爱。这成为一个真正的问题，他们不仅限制我们的自由，还想要一些爱和感情的回报，这引入了人际交往的过程：“如果你想让我给你你想要的东西，你最好同样回应。”我们对这种新转变的第一反应是使用过去惯用的伎俩——大喊大叫。如果这样做不起作用，我们会尝试新策略：让你内疚。我们会屏住呼吸，直到脸色红一阵青一阵，意思是，“看看你在做什么。如果你不给我我想要的东西，我将以伤害自己的方式威胁你”。

尽管我们的父母拥有巨大的体重优势，但争夺统治和独立的斗争已经开始，并且在大致平等的基础上开展。从这一点来看，策略开始变得更加复杂，而出于简化风险的目的，策略基本分为两类：模仿或反叛。

孩子模仿他们的父母的理由是："现在我们就像他们一样，他们会给我们想要的东西。"这种模仿是一种基本的影响策略，甚至会持续到成年后的工作中。我们看到了很多努力模仿和融入公司的文化，特别是在人们职业生涯的早期阶段。如果我模仿我的上司，按照他的风格行事，这是忠诚和承诺的有力证明，肯定会增加我获得认可的机会。

与模仿相反的策略是反叛，就像模仿一样，反叛也是依赖行为。当我反叛时，我就决心做出与你的期望截然相反的事情，你的期望仍在刺激我的行为，只是在相反的方向上。反叛需要关注、参与和关心。只要让一个少年打扫他的房间并保持清洁 24 小时，你就会看到反叛的面孔。在大多数组织中，我们不必过多地直接反叛。通常，选择这条路的人会在招聘过程中或在入职后的第一年或第二年内被过滤出去。在组织中唯一容忍明确反叛的地方是在偶尔的退休宴上，通常有一名员工因其反管理的态度而闻名，他作为退休宴的演讲嘉宾会以蔑视但幽默的方式嘲笑一下组织。

模仿和反叛并不是我们表达独立愿望的唯一选择，关键是我们用自己的行为与当权者进行一种隐性的讨价还价。这种操纵行为作为一种交换形式，使得我们的依赖性越加外显。随着年龄的增长，我们从依赖转向自治和相互依赖，变得更加自如，以更真实的方式行事，并接受当权者对我们的评价。我们内心孩子气的一面认为，当权者亏欠我们生存必要的关注、认可、保护和领土 / 控制。取而代之的想法是，尽管这些令人满意，但我们想要的更深层的东西只能由我们自己提供：包括贡献和服务的感觉、高质量的职场人际关系和业务技能的精进。不断向上司交权是一种不合时宜的依赖。它会不断地给我们戴上手铐，迫使我们被间接、消极的职场政治行为所吸引。不断抵抗上司的影响具有相同的效果。

平衡自主、依赖和互依的关系始于理解形成我们的政治行为所做的一切。以下是职场中的政治脚本的例子，是我们间接追求想要的东西时采取的一些常见方式。脚本本身并不是问题，事实上，它可以成为我们的优势，但是其风险在于，这常常成为我们免于对组织承担责任的小伎俩。当我们将自己的行为作为一种隐性的物物交换的形式时，职场中的政治脚本就会让我们陷入麻烦：如果我这样对待你，你就会给我我想要的东西。战略性的、戏剧脚本式的交易就取代了开诚布公的沟通。隐性的讨价还价涉及我们没有表达出来的欲望，而且人们往往会远离我们，因为我们滥用了旨在引起他们支持的行为。积极的职场政治行为需要直接沟通需求、感受、希望、失望和怀疑。

依赖形象

根据 1985 年对 3 个人的随机采访，我总结出了 8 个职场中的政治脚本和形象。它们让我们大多数人都产生了认同感。[①] 欢迎你添加新的内容到此列表或整合其中一些内容。浏览这些解释时，对你来说，选择一两个是正确的。如果你认为自己参与过所有这些事情，那么你就是一名“骑墙派”人士。如果你认为自己从来没有参与其中任何事情，那么你就是在否认。这 8 个职场中的政治脚本具体如下。

1. 拯救

拯救者深信，通往权力、影响力和掌控的路径是拯救他人的生活。如果我们帮助他人解决他们的问题，他们就会给予我们想要的东西。我们自身权利感的关键是创建一个服务和善行的记录，以消除别人对我们的失望或愤怒。这是一种巧妙的让我们摆脱别人负面情绪的方式。看看我们为别人做了多少；看看我们在他们需要的时候如何帮助他们；看看他们如何总能指望我们注意他们的难处；看看

---

① 我的好朋友兼好同事尼尔克·拉普（Neale Clapp）在创建这些依赖形象方面给予了我很大的帮助。鉴于他的帮助，我同意在此宣告他本人不存在任何形式的依赖。

我们自愿做出的个人牺牲，现在他们还会给予我们想要的东西吗？像所有其他形式的依赖一样，这是一种钝化、中和他人对我们支配权的方式。要了解我们内心的拯救者，去问问我们照顾的父母或监护人，我们做得怎么样。

作为拯救者，我们需要其他人遇到困难，我们才能感觉良好；我们需要有人来拯救。我们也倾向于认为其他人很脆弱，需要被拯救。与其他形式的依赖一样，将他人视为脆弱的并需要获救是对我们自己感受的投射。在我们对自己拯救生命的能力感到骄傲的背后，是我们自己的脆弱感，是我们自己需要一个能够保护我们并让我们摆脱困境的人。如果我们觉得周围没有人可以为我们提供安全感，那么我们就会退而求其次地说，特别是对我们有支配权的人说："别担心，我会照顾你，包在我身上。在我解决了你的问题之后，你会给我我想要的东西吗？"

形象：拯救者

标志：

- 对他人不适高度敏感，愿意推迟获得想要的东西；
- 相信我们的奖励将在未来、下一份工作、下一次绩效评估中。

我们否认的一面：

- 我们需要掌控并得到照顾。

我们付出的代价：

- 我们变得愤世嫉俗，对其他人永远不会感激我们而感到失望，患上同情疲劳症。

2. 完美

如果我们把每一件事情都做对了，别人就永远找不到阻止我们的理由。我们要在任何时候都看起来很好，即便那不是真的。完美就是获得权利的门票。因为我们是优秀的、杰出的员工，能达到我们的目标，表现良好，尊重权威而不过分热衷于权力，我们就有权利提出要求并获得相应的回报。做到完美，别人永远不会挑出我们的错误。我们对自己的工作拥有明确的目标，每一步都有明确的里程碑。我们的演讲清晰、合理。我们没有问题，只有机会。我们从不感到惊讶，无论发生什么事，都是计划的一部分。完美主义者的恳求是，“既然我已成为你希望我成为的复制品，你会给我我想要的东西吗？”完美就是不犯错误，为世人展现完美的一面。既然其他人找不到我们的任何过错，我们就已经弱化了他们的力量。

形象：完美者

标志：

- 高标准，高调标榜；
- 认为超预期完成没什么大不了的；
- 暗暗评判做事不达标准的人：“我对你的期望并不比对自己要求的多啊”；
- 所有工作着装都是灰色、蓝色，不存在穿搭出错的技术可能性；
- 干净的桌子、干净的外表、干净的车（即使是与小孩一起长途旅行后）。

我们否认的一面：

- 自我怀疑、不确定性和脆弱性。

我们付出的代价：

- 我们因从不犯错而学习速度下降，因从不令人失望而筋疲力尽。

3. 讨好

如果觉得让别人快乐，他们就会给予我们想要的东西，我们就有可能将讨好作为一种政治策略。

作为孩童，早在游戏初期，我们就知道，如果我们令父母不高兴，就会导致灾难性的后果。向爸爸微笑很重要。即使我们不想微笑，我们也会向许多人微笑。我们已经看到了父母愤怒的后果，不希望那种事情发生在自己的身上。通常，讨好者会有一个攻击性或反叛性很强又爱冒险的兄弟或姐妹。好斗和反叛的策略适合那些人，即那些愿意汲取教训得到他们想要的东西的人。

讨好是我们获得想要的东西的一种方式，付出的代价看起来最小。我们可以轻易地道歉，如果犯了错误，那是因为我们没有理解指示或者粗心大意，我们保证错误不会再次发生。我们永远不会首先承认自己不想做。我们特别好相处，擅长使用幽默与他人建立联系。在工作中，我们关心的主要问题就是能像我们的上司一样，我们想知道如何适应、如何服务；在绩效评估中，当我们听到“拥有很好的人际交往能力”这样的评价时，那就梦想成真了。现在，我们对自己并不在乎的人都很好，我们是否得到了想要的东西？作为讨好者，我们相信，如果对他人提出强烈的、明确的要求，不但永远得不到想要的东西，最终还会受到惩罚。

形象：讨好者

标志：

- 微笑，微笑，微笑；
- 别人说话时频频点头；
- 当别人问：“你觉得这部戏怎么样，林肯太太？”我们会说：“很好，谢谢你。”

我们否认的一面：

- 我们的自负、傲慢和蔑视。

我们付出的代价：

- 我们自己的杯子是空的，感到给了别人我们自己无法拥有的东西。

4. 退缩

退缩作为一种政治策略，意味着我们将世界视为异常危险之地。有支配权的人对我们提出各种要求、抱着各种我们无法满足的期望。我们为什么要玩一个必输的游戏呢？为了生存，我们玩一个私人的游戏。想要生存并获得想要的东西，保持距离是关键。感觉、思想、面部表情以及任何让我们力所不能及的行为都是要避免的。对抗和冲突是痛苦的，避免卷入其中的方式就是不露面。我们一大早就离开，晚上才回来。当别人问起我们在哪里时，我们会说“外出了”“在工作”或“做某些事情”，这样的回复旨在阻止对方进一步的询问。我们的生活态度是我们可以照顾好自己。要从别人那里得到我们想要的东西，我们选择的方式就是不打扰他们，首选策略是独处；依靠自己让我们感到可以控制自己的行为，更重要的是，它让我们摆脱了被控制的感觉。退缩是一种实现独立的策略。

在工作中，面对强大的人，我们保持安静，显得有点高深莫测。我们的想法是，对于困难的问题常常在以后能更好控制结果时再处理为妙。当其他人抱怨我们退缩时，我们尽可以防守般地说：“我们没有打扰其他人，所以他们为什么不放弃打扰我们呢？既然我们不打扰他们，我们照顾好自己，为什么其他人不给我们想要的东西呢？”

形象：退缩者

标志：

- 面无表情，不苟言笑；
- 会议中的沉默者；
- 最少共享信息；
- 不幽默，不冒犯任何人；
- 若有所待；

- 面对问题时悻悻地表示下次要做得更好。

我们否认的一面：

- 亲密的愿望。

我们付出的代价：

- 孤独。

5. 反叛

所有人都对权威感到不安和谨慎。作为反叛者，抵制权威、违反规则、制定自己的规则是无意中强化依赖的方式。从表面上看，我们声称自己是独立的，通过制定自己的规则并有意识地违反他人的规范、规则，宣布自己和自己人的自由。更深入地讲，独立性在于我们需要用别人的规则和结构来激起我们的反对。我们的身份只有在与他人的约束和权威形成鲜明对比时存在，这一身份不是来自内心，而是来自对外部事件的回应。当我们达到就业年龄时，早期大部分属于青少年的叛逆都受到了抑制。如果我们太叛逆，没有人会雇用我们。超级叛逆的人自然会遭到解雇，但那种本能仍然存在。我们与讨好者和退缩者形成鲜明的对比。我们喜欢冲突和分歧，给别人的礼物是我们愿意参与，对待权威的出路是我们对民主价值观和参与式管理的拥抱。

这种依赖形式的积极因素是对个人权利的肯定。我们成为对组织有用的批评家，虽然可能过于激进地表达了批评，但我们常常表达更谨慎的想法，这是我们的天赋。

形象：反叛者

标志：

- 衣装独特但可接受；
- 风格迷人、有趣；

- 总是最后到场，最先离席；
- 聪明有才，生存能力强。

我们否认的一面：

- 得到认可和爱的愿望。

我们付出的代价：

- 从未对整体福祉做贡献的绝望。

6. 好斗

在激进的好斗行为表面之下，是没有什么能抓住的恐惧，这是我们每个人内心的共同恐惧——不过我们在如何应对恐惧方面会做出不同的选择。我们是否讨好他人、拯救他们、离开他们、表现完美，或者在每种情况下寻求控制和支配？

在许多方面，与一个好斗的人打交道的好处就是我们知道那个人的立场。侵略是其最终极的权利行为，它不惜牺牲别人的需要和需求而追求权力。就像孩子看着一个强人林立的世界，于是得出结论，能得到自己想要的东西的唯一方法就是去追求它，伸出手抓住它。这与美国独立的文化原型角色约翰·韦恩（John Wayne）保持一致：独自一人，被敌对势力包围，专注于明确的目标。

好斗的选择也有其脆弱的一面，这来自孩子对占主导地位的父母的看法。孩子被父母控制并且会说，实际上，我会像你一样，然后你会给我我想要的东西。进攻并紧紧控制是对内心感觉的回应：如果我们不小心，就将受到控制和吞噬。如果我们不害怕失去控制，为什么如此紧紧地抓住它呢？

在组织中，我们带着矛盾的心理看待“侵略者”。在完成工作方面，我们希望人们跨越障碍，穿越墙壁，坚持不懈，专注工作。在组织阶梯的底层，我们奖励侵略和支配。随着职位的晋升，规则发生了变化，我们希望人们能够圆融，磨平棱角，善待他人。生命早期受到鼓励的主导行为在之后的生活中却受到限制，职业生涯早期获得奖励的独立控制行为在职业生涯后期却被挑战和抵制。

形象：好斗者

标志：

- 疤痕和瘀伤；
- 精力充沛，风格鲜明；
- 将向每个下属发送生日贺卡和圣诞卡作为主要的员工关系策略；
- 从不做绩效评估；
- 对“感性 / 动情的东西”感到肉麻。

我们否认的一面：

- 我们的脆弱性，希望依赖和控制。

我们付出的代价：

- 孤立；
- 游戏结束时的失落。

7. 正式

我们许多人在行动之初就懂得，正式和礼貌是获得想要的东西的方式。我们对规则、政策和程序拥有坚定的信念，从小在规矩有礼的家庭中长大，尊卑有序，相信以尊重、尊严、礼貌相互对待并保持适当的距离，家庭的成功和未来的安全将得到保证。正式和礼貌是一种表达对他人敏感的方式，也是一种确保我们的行为和明显动机无懈可击的方法。孩子对父母说：“我按照你的规则生活，我对待你就像你对待我一样。既然我遵守规则，而且我看起来真的相信它们，现在你能给我我想要的东西吗？”

正式作为职场中的一种政治策略，其核心是无声的契约：如果他们不给我们出难题，我们就不给他们出难题。正式的脚本常常被用于推迟或避免冲突。要保持正式，而不是彼此出难题，基于这样一种恐惧：潜伏在我们互动的礼貌之下的是感情、愿望、冲动和需求的危险地带。如果这个危险世界暴露了，我们就会陷入困境，就会失去控制，努力创造的一切就会受到威胁。在一个重视辈分、礼数和外表的家庭情境中，正式、安静和礼貌的策略是一种合乎逻辑的选择。

将正式的行为从家庭转移到学校乃至组织生活中，这是所有政治策略中最容易做到的过渡内容。大多数组织实现良好管理的实质是基于对规则、政策和程序的坚定信念，这种信念在企业家精神面前不值一提。对控制和结构的渴望往往比对表现的渴望强烈得多，如果我们的影响力策略必须是正式的、结构化的、避免冲突的，那么在一个庞大的官僚体系中工作就像在家里一样。

形象：正式者

标志：

- 书桌上堆满了纸张，整齐摆放；
- 喜欢对有权威的人（甚至是女性）说“先生”；
- 韦斯顿（Weston）、施泰格利茨（Steiglitz）或卡什工作室拍摄的正装全家福照片。

我们否认的一面：

- 我们内心的困惑和混乱。

我们付出的代价：

- 失去爱、激情和兴奋。

8. 理智

在膜拜科学、技术、工程和数学的文化中，将理性的策略作为获取需要的途径是一种合乎逻辑的选择。

理性是对理论和证据世界的信仰。当我们面对感情、困惑或失望时，应对的方法就是试图理解它。如果能够理解发生在我们身上的事情，我们就不会感到情况非常糟糕。当我们遇到困难、问题、无理的要求以及日复一日的复杂混乱的组织生活时，我们的反应是将问题理智化。有人说："制造部门对自动售卖机的设计没有完成而感到愤怒。"我们理性地回答道："他们应该知道这需要多长的时间。他们不明白……吗？"（以任何你想要的方式完成句子。）对理智者来说，每个复杂的问题都是一个有待理解的理论，理性离不开数据，需要数据，喜欢数据。在职场中，理性的政治策略认为，数据的存在是为了解决当前的问题。

面对冲突或压力，理性的反应是寻找更多的数据并进一步研究情况。这背后的信念是，生活中所有神秘的东西总有一天会有解决方案。那些工程师是原型，是理性脚本的偶像，对理性的深刻信念表达了对直觉和非理性极大的不信任。当然，理性具有很大的价值，但风险在于，否认或盲目对待那些无法完全用理性解释的事情或偏主观的数据。作为理性的人，我们的理由是基于对理性和逻辑的要求，如果其他人不能证明我们有错，那么他们必须给予我们想要的东西。我们将否认这样一个事实：理性可以是从强人手中获得我们想要的东西的策略，因为没有具体证据支持这种说法。

当你与理智者一起时，你能感觉到一开始接近敏感问题或是有模糊元素的问题时，主题就会被巧妙地转移到其他情境或概念中，以便从谈话中消除情感并把你带到更高的抽象层次。关于制造和工程之间存在问题的讨论，会变成对影响你所在行业或公司的经济力量的讨论，以及高层管理人员如何阻碍这个问题得到解决的讨论。

理智者的恐惧是世界不可预测、无法解释、情感泛滥，那意味着失控，让我们感到无助，无法得到我们需要的东西。当我们通过解释、数据和抽象应对无助感并将其作为影响策略时，我们就是在制定一个理性的策略。

形象：理智者

标志：

- 工程或会计学位；
- 非常成功；
- 刘易斯·托马斯（Lewis Thomas）所著的《细胞的生命》（*Live of a Cell*）一书改变了我们的生活；
- 有时好为人师；
- 开会早到的人；
- 喜欢能对一切事务提供事实的手持设备。

我们否认的一面：

- 我们的情感。

我们付出的代价：

- 我们失去了与自己情感的联系；
- 很难建立亲密关系。

正确使用脚本

这些政治脚本都有其价值。我们将理智、讨好或拯救作为一种策略，可以从当权者那里得到我们想要的东西，但这削弱了我们的力量，变成了一种隐性的讨价还价："既然我讨好了你，拯救了你，已经向你提供了数据和逻辑，现在你会给我我想要的东西吗？"滥用这些脚本会让我们陷入困境。

当我们因为"这就是我做的"而跳出脚本的限制时，它就成了我们的优势，是支持我们的自由与他人联系的一种方式。它是我们个性的一种表达。"我喜欢你，我拯救你，我解释世界，因为我喜欢这样做，而且这就是我一直最擅长的。"

我们的脚本成为我们必须去做的一种表达，并且我们没有期待任何回报。我们心中住着一个依赖的小孩，他抱怨说："毕竟我已经为你做了，看看你是如何让我失望的。"当其他人成为我们行为的借口时，我们的依赖感就会爆棚。所有代表他人而做的努力——我们的讨好、拯救、研究，都是为了对他人有效，不是为了做而做，而是我们选择去做的。当脚本成为我们的选择时，在那个时刻，我们对自己的行为负责，认领我们的自主权，尊重我们为关系带来的价值，并且走上创业之路。

当我们意识到自己最喜欢的戏剧脚本时，我们首先想做的就是尝试改变它们。我们下定决心不再讨好、拯救、退缩或如此咄咄逼人。这些方式最终会失败，而且无用。我们应该感激这种自我转变的失败，因为决心在内心删除脚本是徒劳无益的行为，是一种自我否定，否定了我们的独特性，否定了我们必须贡献的东西。我们的目标是停止将脚本作为一种效果或影响策略，不允许讨价还价。我们不再相信成功的唯一方法是通过操纵的方式胜出，我们放弃了这样一种信念，即我们的上司愚不可及，容易受骗，不会看透我们控制他们的企图。

关键是要充分认识到我们工作不仅仅是为了获得上司的认可，上司不是我们的父母，我们的职场命运不掌握在他们的手中，而取决于我们所做工作的质量和完整性、我们管理工作关系的质量和完整性。随着大形势以及所在组织和职能部门命运的兴衰，上司对我们的认可也会时好时坏。

需要补充一点：间接谈判的局限性同样适用于上司。我们不是下属的父母，既不会为了满足他们的期望，也不会基于他们如何试图控制我们而顺从他们的想法。这就是为什么向上管理的想法存在局限性，它使任何方向的关系都成为一种风格问题。我们努力成为合作伙伴，争取做到在大多数方面都是平等的——我们并不是和蔼可亲的家长。

互依

花了这么多时间讨论依赖的坏处之后，让我们现实一点。其实我们每个人都依赖他人，正是这个事实使我们成为人类。事实上，组织发挥了将大家聚集在一起的作用，提供了参与合作活动的载体，并为我们提供了一个社区。工作中的大部分乐趣存在于与他人共同创造事物的过程中。我们也需要上司和下属，协调大量的人员一起工作要求我们拥有不同级别的权力，而某些人对其他人应该拥有支配权。请记住，我们的本意是找到替代家长制的解决方案，这不是反对等级制度的论点：工作场所需要秩序和结构。因此，我们依赖于上司，这一点永远不会改变。依赖性在某些方面是现实的和有效的，特别是当它与互依感共存时。以下是我们能够以一种有益和强有力的方式度过这种相互依存关系的生活而采取的措施。

为游戏命名

除非我们处于组织的顶层，否则需要有人告知我们将要玩的是什么游戏。我们需要来自顶层的声音，它为我们介绍组织所做的业务，以及追求该业务的基本要求和规则。我们在特定的组织结构中，创建了愿景，需要顶层的人决定基本目标。我们需要明确应该以多快的速度增长以及哪种财务表现能使组织保持稳定和健康的发展。我们所在组织向往的未来愿景需要我们自己创造，但它只能出现在稳定持久的环境中。我们决定我们将成为什么样的组织，我们始终在上层提供的框架和限制内运营。

确认

我们依赖于上司和周边的人确认与验证一点，即我们所做的事情正在贡献价值。我们希望满足客户和上司的需求，因为他们代表服务 / 产品的市场，我们所在组织的基本目的是满足真正的需求，我们非常依赖别人的反馈，是他们让我们知道什么时候做对了。确认能让我们知道自己对事情的判断具有一定的外在有效性。表演者并不总是需要掌声。自尊和有益的关系来自我们自己决定去冒险、行动、改变、真正地相互联结，于是对我们来说，确认具有永恒的价值。如果我们总是希望别人回答关于我们的价值的问题，我们就会陷入困境。我们需要的是：从别人那里验证我们自己做出的选择。

联系

我们需要与周围的人建立联系。每个人都需要一定程度的亲密关系，而工作场所是实现这一亲密关系的好地方。我们彼此联系的方式各不相同，但这样的需求是普遍的，特别是考虑到组织生活的复杂性。为了保持亲密关系，我们保持现状，忍受难以置信的困难。我们依赖与他人的联系对我们是有利的，并能与组织紧密相连，特别是在困难时期。当我们允许自己被吞噬或包围时，我们对他人的需求就太过分了。我们中的一些人如此强烈地害怕被遗弃，以至于失去了再次抵御的能力。这是家长制和高度控制机构产生的代价最高的副作用；它们创造了个人主义和竞争的文化。这种影响是孤立的，我们只能靠自己的信念克服它。

临时庇护

即使我们永远无法寻求一条安全之路，然而期望上司会庇护我们并不时地代表我方出面干预还是比较现实的想法。我的第一个东家是埃克森美孚，作为一名新员工，我记得当时自己很冒失地对一个错的人说了“不”，当时能帮助我的只有经理。他召集我和那个被冒犯的副总裁开了个会，并在会前单独辅导了我。在会上，副总裁看着我说：“当你在油田里，他们让你抓住扳手并击中塔身，你就抓住扳手并击中塔身，让干什么就干什么，你明白我的意思吗？”感谢我的经理对我的精心指导，我对副总裁说“是的，先生，非常好的观点”，这才幸免于难。

我们有权期待上司的这种帮助，通常，他们也想帮助我们。但当我们期望组织给我们什么长期保证时，我们就会遇到麻烦。

学习

我们也依赖上司、同事和客户教我们怎样做业务。高效学习者和高绩效员工之间存在强相关性。秉承终身学习的立场充满力量，意味着我们能够清楚地看到自己的错误，并原谅自己造成的错误。关于学习的需要，唯一的下行风险是我们将学习作为不采取行动的借口。

自主与互依

高度强调个人自主似乎是反对互依和我们彼此需要的论点，这不是我的本意。我们的信念是，当人们选择从个人具有优势的角度共同合作时，团队合作和相互依赖是最有效的。我喜欢用两个完整的鸡蛋才能制作出煎蛋卷的类比。如果我们因为担心自己一个人做不到而选择处于一种关系中，就会给这种关系带来可怕的紧张感。尽管我们时不时地需要依赖别人，但如果把依赖当作家常便饭，就会产生怨恨和一系列未满足的期望。当我们接受了这样一个事实，即我们生存所必需的东西就是我们必须为自己创造的东西时，我们就宣称拥有了自主权。这是允许关系存在的思维模式。

我们选择在组织环境中工作，这就决定了联结和互依对我们的重要性，不然我们为什么要忍受文山会海呢？我们对相互依赖的渴望体现在愿景的某部分中，它定义了我们希望彼此如何对待。我们如何相互对待与组织的成功、经济目标和成就同样重要。在虚拟世界里，我们彼此之间的大部分联系都是通过技术实现的，这样做的好处是，它使一些连接非常方便和有效；坏处是，因为如此便捷、廉价，它替代了人们在同一房间里的真实相处。

关键是，在我听过的数百个愿景中，我想不出有哪些在某种程度上不需要爱、同情或团队合作的观点。独立自主本身毫无意义，只有当我们自由选择与哪些人共度时光以及如何共度时，独立自主才至关重要。

与上司和平相处

即使我们的依赖有时是适当的，但我们仍然面临如何走向一种不断增强的授权感和选择权的两难境地。我们在职场中的政治脚本被激活，我们参与消极政治以回应被支配的情境。我们不断地处于如何处理权力的过程之中，一般倾向于以上司管理我们的方式去管理我们的下属。我们必须严格控制我们的下属，因为我们自己受到了严格的控制，这既是我们的愿望，也是我们的抱怨。上司象征着权力，所以我们需要重新审视我们对上司的看法。

我们希望上司给予认可、关注、重视和安全感，无论我们是上司还是下属，都归结为希望有一个完美的父母。上司和高层管理人员并不比我们的父母更完美，他们可能是我们所拥有的最好的人，但并不完美。我们只能承认，我们的上司正在向我们提供他们所能做的一切。这并不是说他们有所保留，只是在管理自己职业生涯的闹剧时，除了已经提供给我们的东西，他们没什么能再给的了。我们的父母或监护人也一样，他们给了我们所有他们能给予的爱、保护和控制，上司也和我们一样。作为父母，我们逐渐意识到，我们给予孩子所有我们必须给予的东西，但仍然不够。罗伯特·霍夫曼（Robert Hoffman）和旧金山大学研究中心的人们已经确定了我们必须经历的 3 个阶段，让我们放开父母并获得自由。我认为这些步骤同样适用于解放我们自己，使我们不再过度关注在工作层级中层级高于我们的人的行为。

（1）失望。我们首先承认令人感到失望的是，我们从上司那里并没有得到更多的支持、诚实、指导或自由。我们必须面对这样一个事实，即我们没有得到需要的东西，而且可能永远不会得到。同样，我们也不能给予我们的下属他们想要的东西。

（2）愤怒。我们必须承认自己感到愤怒，是因为上司没有将我们想要的东西给予我们。当我们的上司接受其上司布置的这项工作时，也承担了为下属服务的义务，然而他们在某些方面没有履行这一义务，我们对此表示反感。我们中的一些人倾向于隐藏对上司的怨恨。令人担心的是，如果我们承认怨恨，那将是一种不忠的行为，会让我们陷入困境。进一步讲，即使只对自己而言，我们不仅感到失望，还很生气，我们的管理并非我们所希望的那样。再一次，我们理解到我们的下属也有同样的感受，只是可能他们不说而已。

（3）同情。在怨气变得清晰之后，最后一步就是原谅。原谅我们只是为了微不足道的成功就那么努力地讨好别人。我们也同情上司，因为他们既想成为优秀的主管，又要急切地取悦他们的上司。作为下属，我们难以接受的是，大多数上司的注意力都是向上的，他们像我们一样希望成为第一，我们需要原谅他们的事业心和并不比我们好很多的境况，我们通常很难同情领导者。

警告：仅仅因为对上司产生同情心并不意味着我们必须屈服于他们。事实上，恰恰相反。现实地看待领导者，并接受他们已经给了我们必须给予的一切，这使我们能够如此密切地观察他们并继续以我们信仰的方式开展自己的工作。理解我们对上司的依赖，无论是通过这些步骤还是其他一些过程（人到中年会越聪明），都会让我们不受干扰地追求开明的自我利益。它需要将我们的一些“野心”置于次要地位，并对我们的工作进展负起真正的责任。

如果我们停止向上司寻求认可、重视和安全感，那么我们与上司的关系应该建立在什么样的基础之上呢？我们与上司合作，以使我们的部门获得成功。如果我们真正拥有自己的业务，上司就是高级合伙人，我们就像银行家或董事会成员一样。

银行家式上司

当银行家决定借钱给我们时，他们会研究以下 4 件事情。

（1）明确我们所做的是什么业务，确保我们知道在做什么样的事业，帮助界定我们的领域，让我们专注于我们的工作。

（2）财务责任。上司批准我们的预算并获得月度报告或季度报告，以确保我们能够实现这些数字并保持健康发展。

（3）用户的存在和可信度。我们的上司想知道我们的客户是谁，是可靠的客户吗？他们希望确保我们为对的人提供对的服务或产品。

（4）产品或服务的质量以及如何交付。我们的银行家公司希望确保我们的产出符合大型组织的标准，并且我们正在履行承诺。

除了研究以上 4 件事情，银行家式上司让我们各行其是。如果我们需要他们，他们可以提供帮助，但如何经营业务基本上取决于我们自己。银行家式上司可以为我们做的关键事情之一就是帮助我们从组织的其他部门获取我们无法获得的资源。

董事会成员式上司

除了银行家式上司关心的问题，董事会成员式上司还关心以下问题。

（1）目标设定。董事会成员式上司参与确定主要目标和组织的发展方向。在我们以任何重要的方式改变游戏之前，我们需要上司站在我们这一边。

（2）人员选择。除了宣布股息，董事会成员式上司还有法律责任选择总裁。让我们的上司批准关键人员动作是合理的。

（3）主要承诺。董事会成员式上司希望对我们能够承诺什么样的结果进行谈判。

所有这些功能既让上司在规划和最终责任方面发挥作用，又让我们以自认为合适的方式自由地管理我们的组织。创业思维使我们需要一个上司来完成上述事项，但我们进行日常的工作，就好像组织是我们自己的。所在组织的伟大愿景是我们自己创造的，实现它无须任何人的许可。如果上司在这个过程中给了我们很多“噪声”——好吧，他们在尽力而为，没有人是完美的。如果他们在西伯利亚的轮岗任务威胁到我们，那么我们总有一天会力不从心，并且时间会提前。

第 7 章 直面组织现实

致力于伟大的愿景，与“盟友”和“敌对者”一起实现这一愿景，并在此过程中主张我们的自由并非易事。在几乎所有的情况下，这都需要勇气。我们经常面临这样的问题：“如果这是我的愿景，那么此时此刻的我需要什么样的勇气？”

我们的愿望是找到一条安全的道路。我们想成为我们职能部门的倡导者，但我们希望得到上司和同事的支持。问题是，需要政治技巧的职场本身存在一定的风险。我们的例行工作和可预测的部分几乎不需要政治技巧，授权也不会被提上日程。我们拥有一个伟大的愿景，这意味着我们选择进入荒野，而进入那里常常需要勇气。

遗憾的是，所有的安全路径都被采用了。我们寻求一种不需要鼓起勇气就能得到我们想要的东西的方法，具体来讲，有以下几种形式。

- 我们相信理性和数据。如果逻辑和事实都站在我们这一边，我们希望它们本身就具有说服力。所有人的心中都有一点工程师的特质，崇拜事实、法律、规则、方程式和可预测性。如果你无法衡量它，那么它就是不存在的。我们相信在事实上是正确的就足够了。试图通过事实、数据和逻辑论证来影响他人是我们偏好的策略。

对我们来说，最安全、最合理的途径就是根据事实向他人提出要求，这往往是有效的。

然而，在人类系统中，当人们的目标与自我利益发生冲突时，仅凭事实和逻辑是不够的。决策往往把事实远远地抛在了后面。当其他力量在起作用时，固执地抓住我们的事实和理由是一种寻求安全的方式，但实际上根本不存在安全。

- 我们选择将模仿作为安全的路径。如果我们使用共同的语言，遵守公司的规范，融入公司的文化，并在各个方面表现出归属感，我们希望自己能够获得完成工作所需的资源。这些努力仍然是不够的，这是一种阻力，我们必须有勇气采取行动来实现我们的目标。模仿是这样一种信念：如果我们用投其所好的策略塑造我们的行为，他们就会给予我们想要的东西。我们认为，我们可以通过成功地适应周围的人避免风险。
- 我们服从。我们学习正式的和不成文的政策并保持不越雷池半步。如果看起来将要超出预算，我们就推迟下一步的支出。如果人力资源部门表示不能给员工超过10%的加薪，这就成了我们的限制。如果项目启动之前就应该得到批准预算，那么在正式开始批准之前我们不会启动项目。在规则范围内，工作是官僚形式的报复，是对经营过程中个人责任的逃避。我们相信，如果遵守规则，别人就无法挑出我们的错，这保证了安全，但在寻找庇护所时，我们失去了愿景，另一部分的信仰已经消失。

即使面对正在承担的风险，我们选择前进也是一种勇敢的行为。要向“敌对者”传达理解并承认我们所造成的痛苦，这需要我们鼓足勇气。所有这些都是有风险的事情：和同伴谈谈我们关系中缺乏的信任；向用户承认我们犯了错误；告诉组织，我们做出了无法交付的承诺；面对下属的过度好斗和被动性，放弃传统上属于我们的领域的一些控制；与管理层沟通他们的行为是问题的一部分。如果我们的主要目标是在组织中获得职位晋升，那么在大多数情况下，我们就不会做这些事情。但是，如果我们的主要承诺是做出贡献，为用户服务，善待他人，保持诚信，那么我们注定要走上一条冒风险、不确定的职业发展道路。事实上，我们害怕的那些障碍正在帮助我们树立信心。只有当我们努力反对他人并且遭到抵制时，我们才能真正地知道自己的立场；当感到高潮来临逆流涌动时，我们知道自己已经选择了对的道路。如果我们找到了一种零风险的工作方式，说明组织可能并不需要我们。愿景是一个向往的未来，创造未来的勇敢行为为我们的工作赋予了意义。

这并不是说，对勇气的呼唤仅仅体现了侵略性和正义感。我从未听说过关于如何对待暴力或攻击的愿景。当我们作为自己愿景的鲜活榜样时，我们就是在参与职场中的政治。如果我们的愿景需要同情，我们就必须这样做。愤怒、敌对的行为违反了我们的愿景，没有为组织带来益处。我们没有理由说侵略是一种勇气，冒险是需要的，但它只应服务于我们的愿景和周围的人。

真正的勇敢行为

在美国，我们是在这样一种好战、统治欲强、山民式的勇气中长大的，我们需要的不是为我们服务的勇气。毕竟，我们的斗争都是围绕家长制的，而不是为了赢得世界，况且从原住民的角度来看，那本身并不是一个伟大的举动，不过那是另一回事了。在这里，让我列出符合服务和同情心意图的 3 种勇敢的行为。

面对严峻的现实

平心静气地看待我们目前的窘境难乎其难，我们的本能趋向于尽力而为并使所有的挫折合理化。如果我们的目标是满足所有客户的要求，那么我们就可以轻松地将失败合理化，相信时间会使事情变得更好。我们倾向于继续做我们现在做的事情，也许会做得更多。

汤姆是一家生产自动化控制设备的公司的产品经理，他的任务是开发生产线，以便更有效地在全球市场上竞争。在分析了大约 6 个月的情况后，他得出结论，公司需要一些激进的改变，必须缩短形成新产品构思和确定其运行公差之间的时间。在接下来的 4 个月里，他提出了建议，并进行了证明和辩护。在此期间，他一直认为没有充分证明他的结论，于是寻找了更多的数据，升级了演示方式，并对组织中的关键人物进行了密集的游说。高层管理人员的回应是不感兴趣，他们说想支持他，但也许时机不对。他的目标很好，但也许他提出实施新战略的小组结构不太正确。他面临谨慎的、地盘保护的和官僚主义的反应。

汤姆的回应是继续努力，坚持不懈，更加努力。在这种情况下，严酷的现实是，汤姆被请到公司是进行改革的，而公司对这种改革却无福消受。对负责产品开发和制造的副总裁而言，维持当前的经营方式似乎比打破稳定的关系网络更重要，这样做可以为他们的客户提供更多的产品选择。实际上，在公司目前的产品线中，客户通常不得不为他们不需要的一些功能付费。汤姆勇敢地面对严酷的现实，也就是说，公司没有兑现聘用他时对他做出的承诺。

想着事情总会发生变化，让自己“被管理”，比直接面对问题容易很多。我们希望实现的任何改变、愿景都将对周围的人产生不稳定的影响。勇敢的行为就是实事求是，对它可能带来的后果几乎漠不关心。如果汤姆面对的是公司在改革方面的矛盾心理，可能意味着汤姆无法发挥作用，他加入该组织可能是一个错误的决定，可能面临两三年的挫折和获得较少的支持。如果搞得动静太大，他就可能会树敌。

对失去认可、颠倒错位的恐惧让我们将事情合理化。为了逃避严酷的现实，我们生活在一片朦胧之中。从表面上看，工作仍然充满希望，但在表面之下，我们知道事情出了问题。我们之所以逃避现实，是因为至少我们清楚当前形势下的痛苦有多大，而且我们知道最终可以幸存下来。这就是为什么不快乐的夫妻能在一起生活 30 年，根据他们的经验，他们知道事情会变得多么糟糕，他们知道自己可以忍受，也确实不高兴，但他们没有无家可归。与其面对事情可能会变得更糟糕，不如与痛苦共存。

那么，关于勇气的第一步行动就是认清事物的本来面目，不找借口，没有解释，不要幻想美好的进步。汤姆认识到：①他要求公司在新产品开发方式和产品系列策略方面做出重大改变；②两位重要的副总裁不支持他的提案，他们真正想要的是通过一种低风险、无痛苦的方式提升公司的竞争力。

对汤姆和我们所有人来说，面对严酷的现实有以下几个好处。

- 它可以让我们不再浪费精力，放弃适应和妥协，寻找应对方式。
- 它帮助我们减少疯狂的行为，不再强迫自己做得更好，而是意识到这里发生的事情有更深层的原因，这不全是我们的责任。
- 它让我们变得更强大，面对现实并以勇气行事是一种珍视自我的方式。在这样的时刻，我们知道自己的职场命运最终掌握在自己的手中，我们决定不让所处的文化偷走我们的自主。
- 它增加了我们获得项目支持的机会。组织中的赋能授权是一项源自内心的工作，当我们以个人强大的方式行事时，我们会向他人传达一种让他们放心的力量。

如果我们不鼓励勇敢地面对残酷的现实会怎样呢？以下是一些缺乏勇气的经典例子。

赋能授权型经理

一家大型医疗保健公司的核心业务是生产纱布和绷带。多年来，每当新业务变得足够大，它就会成立一家新公司，原公司的一位高管就会成为总裁。这就造成一种盛行的企业文化：如果我能在纱布和绷带之外开发新的产品线，组织将很快创建一家新的公司，我将成为总裁，这对营销高管来说是上好的职业发展机会，但结果是忽视并消耗了原有的基础业务——生产纱布和绷带。这样的疏忽被基础业务增加的年销售额隐藏了起来，母公司苦不堪言，因为年销售额的增加主要是由于价格上涨，而近年来产品销售量实际上已经走平甚至下降，因此需要一位新总裁掌管公司并与管理人员抗衡。新总裁夸张地宣称，如果美国的受伤人数没有显著地增加，那么公司将陷入困境。新总裁发现的第二个残酷的现实是，高管过于专注于脱离原公司而不能获得自己的业务。新总裁表示，如果他们想有任何职业上的发展，那就是和原公司共同进退。这是一个难以接受的现实，并且需要这些新总裁有勇气面对它。

一家大型公共电力公司花了好几年才建成了几座核电站，美国国家公共事业委员会（PUC）正在表达公众对核电的抵制。PUC 让任何事情都变得越来越困难。在经历了多年的痛苦之后，核电集团管理委员会面对这样一个事实：它无法完成最初被要求做的工作，它建议停止施工，缩小组织规模，包括削减工作岗位。这是一个艰难的选择，但这是它认为可以诚意推荐的唯一途径。

在另一家规模较小的工程公司中，两个部门的经理正在相互比拼，看谁能想出可行的焦炭颗粒尺寸测量方法（如果你不知道焦炭颗粒的大小是什么，请不要担心）。竞争以合理的方式进行了数月。最后，一位高级工程师勇敢地站出来参加会议说："你们这两个小组的经理正在相互竞争，以争取获得提出调整方法的荣誉。如果你们两个人停止较劲儿，我们可以一起找出方法。"这是一个冒险的举动，但是对业务有利。

我们对问题的贡献

在每个人的心中都普遍存在一个愿望，那就是宣告自己的清白并避免被责备。只要不是我们的错，我们就可以忍受任何事情。通常，每次会议的前半程时间都花在了达成这两个共识上："现在面临的问题是由我们无法控制的力量造成的，都是今天不在场的人的错。这一切都源于我们生命的早期，作为一个孩子，我们学会的第一个完整的句子是'这不是我的错'。"作为独生子女的坏处是没有他人可以责备。我有两个女儿，我不止一次地走进房间，单独抓住一个女儿，一些东西在她的脚下被打碎了。

"发生了什么事，珍妮弗？"我问道。

"不是我干的。"她回答道。

"谁干的？"我问道，并开始变得烦躁。

"希瑟干的。"

"希瑟在哪里？"

"我不知道。"

"希瑟现在不在家。"

"好吧，不知怎么，它掉到了地板上。这不是我的错。"

这样的戏码不断上演，年复一年。

在工作中，这样的戏码继续上演。通常，我们面临的问题是在别人那里造成的，我们很容易责怪别人。为自己面临的困难负责需要勇气。我们很少听到谁骇人地说："我错过了时间表是因为我没有很好地管理这个项目。"责备回避是官僚思想的本质，感受到个人的责任是企业家思维的本质。承认我们的项目、职能、业务，包括生活——所有的成功和失败都是我们自己造成的，这需要力量和勇气。有时，我们能够抽象地承认我们对生活负有基本责任，但在具体的细节中，就很少是我们的错了。

要成为活出愿景的一个榜样，我们就必须承认自己对造成的问题的贡献。事实上，我们并不是造成问题的唯一原因。其他人、其他团体以及外部力量会对我们产生强烈的影响。在这个世界上，的确有邪恶。有些人想伤害我们。有时，上司会做出让工作无法完成的一些决定，只是我们无法控制除自己行为之外的任何事情。我们可以向他人提出要求，可以给他们下命令，但最终还是他们控制他们自己，我们控制我们自己。因此，当我们责备别人的时候，我们就失去了行动的能力。我们个人无法解决自己参与造成的问题。因此，虽然仅关注我们对问题的贡献并不完全准确，但那是最实用的办法。有勇气看到我们造成的问题的一部分，看到我们踩到的是自己挖的坑，这赋予我们采取行动解决问题的力量。

这里的诀窍是我们要承担自己的责任，而不是让不可避免的内疚控制我们。内疚是无法消除的，事实上，内疚只是意味着我们做出了选择。只有不选择才能避免内疚，那样我们只能原地不动，静观其变。作为管理者，我们拥有对其他人的生活产生影响的权力，我们做的事情影响了别人的生活，不能完全证明或解释我们的内心在一定程度上对此感到内疚，不过没关系，我们会在一切结束之前感到更纠结。

有时，当我问别人对造成的问题的贡献是什么时，他们会通过确定他们对解决方案的贡献做出回应。他们说："我试过这个、这个和这个。""不，这是解决这个问题的尝试。问题是，你做了什么造成了这个问题？"我会得到一个惊讶的表情和双手一摊的表情，然后听到对方喊道："我吗？"

造成这个问题最常见的原因是"不作为"，往往是我们没有去做的事让我们陷入困境。当老年人被问及对自己的生活有什么遗憾的时候，他们最后悔的往往是那些他们没有做过的事情。我们在组织中也是如此。我们不需要面对问题，我们希望时间治愈一切创伤。我们不愿意旧事重提让人们心烦；我们以怜悯为借口推迟，相信带来坏消息的人会被干掉。

授权的根本理由是，要想组织的努力取得真正的成功，人们需要愿意为身边发生的事情自愿承担责任，在包括最高管理层在内的各个层级上都是如此。当人们清晰地说出自己的核心价值观或文化时，他们需要确保自己以身作则，最有力的行为莫过于检查自己所做的是否阻碍了价值观的实现。如果这个层级的人能做到这样的事，就为组织中其他层级的人做到这样的事奠定了基础，使他们真正拥有勇气并为业务的成功承担责任。

真实面对反对意见

第三项关于勇气的行为是对需要听到的人说需要说的话。真诚意味着说出我们看到的事情。我们常常听到这样的说辞：人们不想听到坏消息（严酷的现实），为什么还要说出来加重侮辱和伤害，而且把一部分原因归咎于他们呢？确实，没有人真的喜欢听到坏消息，人们听到坏消息时的第一个反应就是问“这是谁的错”。说出坏消息会提高紧张程度并使自己陷入尴尬的境地，但这一事实不能成为我们不说出真实陈述的理由。在这样的时刻，我们必须在可能对我们的职业生涯有益的事情（无辜和沉默）和可能对组织有益的事情之间做出选择。即使面对不赞成也要真实，这是我们在任何时候都必须做出的独特贡献。它确实违背了世俗文化，因为大多数文化都涉及角色扮演、完美主义、掩盖问题等所有竞选都包括的因素，所以我们要小心行事。

我们在实话实说时的谨慎对我们的伤害远远超过其他人对我们所说的不满。听到坏消息比传递消息更容易。如果你是经理，你是否希望你的员工告诉你真相？大多数人回答“是的”。为什么上司和我们有所不同呢？我们和上司之间的唯一区别是他们比我们拥有更多的权力。我们经常声称高层与我们没有进行充分的沟通，他们并不清楚我们前进的方向或面对我们所面临的现实。其实并不是他们与我们没有进行充分的沟通，而是他们不知道，因为我们没有告诉他们。

赋能授权型经理

授权需要真实的陈述，说出严酷的现实，明确我们在其中的责任，并说明我们希望别人给予什么帮助。与同事交流的关键一步是交换彼此的需求。在人际关系中，最重要的是交流感情，但在工作中，最富有成效的会议就是我们简洁地说：“这就是我想要的。你想从我这里得到什么？”我们应该简单明了地用6岁孩子的方式对话。

第 8 章
实现愿景

我们可以为创建支持授权的企业文化而采取哪些行动，这在一定程度上取决于我们对组织的控制程度。如果我们登上金字塔，就可以对架构、政策、战略和程序产生非常广泛的影响。如果金字塔位于我们的上方，我们的直接影响可能仅限于自己的部门，甚至只是我们个人的行为。从某种程度上讲，坐在哪个位置并不重要。如果足够幸运，则我们的愿景与管理层的意图是一致的。我们可能参与每一家公司都有的全面计划。我们希望企业文化努力为每个级别的人提供足够大的权力，以帮助他们取得进步。即使我们参与了公司的重大变革，但仍然面临今天下午和明天早上第一件事做什么的个人问题。

持续改进并未发生在声明或官方计划中，而是发生在我们每个人的内心，是我们在黎明前躺在床上安静、清醒时刻所思考的选择。企业文化的改变不是通过精心策划、戏剧化和看得见的事件，而是通过在微乎其微的日常活动中专注于我们的行动而进行的。在某种程度上，唯一存在的企业文化就在我们现在所处的房间里，在这个房间里，企业文化的转变使组织其他部门的企业文化有可能发生改变，这是由内而外的变化，我此时此刻参与的会议正是整个组织的一个缩影。

我们的任务是，相信如果在这次会议中创造一种独特的企业文化，那么它将反过来开始改变组织其他部分的企业文化。如果我们改变系统的一部分，那么整个系统就会受到影响。当每个人都关注现在并成为我们希望创建的组织的样板时，更大的变革过程已经开始。这就是职场中积极政治行为的本质。关注自己行为的完整性是我们对未来有一定控制和选择的唯一实用的方法。否则，我们会等待其他人跟随我们或带领我们。我们都太老了，不能等待李伯从大梦中醒来。当我们在身边创造一个表达想要创造的愿望的泡泡时，我们就会变得更有能力，这个泡泡就是我们和所在组织运作的方式，这就是授权。

拥抱紧张情绪

组织倾向于成为令人情绪非常紧张的机构。通常，在工作中放松是自相矛盾的说法。我曾经听电视喜剧演员索比·赛尔斯（Soupy Sales）说道："如果想要精神崩溃，你有两个选择。你可以入住精神病院，可以去美国广播公司工作，而没有人会注意到。"鉴于大多数人对工作的倾情投入加上所在的竞争经营环境，人们之间不断地产生冲突与碰撞是很自然的。我们的本能反应是避免紧张和冲突。我们希望找到一条安全的道路，避免出现困难，远离可能给我们带来困难的人。

摆脱紧张情绪的行为并没有消除紧张情绪，只是拖延了紧张情绪。我们对紧张情绪的不适感是因为担心如果讨论过于激烈，我们可能会失去控制。我可能会说我不是这个意思（这是代表我担心说出我真正的意思的潜台词）。我们都知道有些人就喜欢息事宁人，以使一切看起来都按计划进行。在美国企业中，官僚主义的本质是永远不会为任何事情兴奋，维持和平与安静的氛围比解决问题更为重要。另一种方法则是拥抱紧张情绪。

紧张情绪可以被视为生命的标志。焦虑和兴奋之间存在微妙的界限。房间里有紧张气氛的事实意味着人们关心正在发生的事情。当我们在某种情况下消除紧张因素时，我们必须小心并且没有在无意中削弱承诺。拥抱紧张情绪意味着我们开始就我们面临的困难问题展开对话。使冲突不再具有破坏性的约束是，在对抗的过程中继续将对方视为人类。即便冒着伤害感情的风险，也最好拥抱冲突，而不是避免冲突却让企业受苦。

拥抱紧张情绪的另一个原因是，它是我们了解自己的渠道。几乎每一次重要的学习经历都给我们带来了压力。那些给我们带来压力的问题，同时给我们提供了线索，这些线索让我们了解到我们内在未解决的问题。压力和焦虑表明，我们正在生活并做出选择。创业精神是将紧张情绪视为发现的载体，拥抱紧张情绪是一种信念，即市场的火焰会增强我们的生存能力。

结语

我们都有义务将自己的愿景转化为可行的具体方法。大多数人需要心怀并保持乐观的心态。

可以寻找希望的地方是我们自己的经验。对我们中的许多人来说，我们最积极的工作经历之一就是成为初创企业的一分子，参与创业活动。初创企业似乎让我们成了最好的自己，无论是参与在另一个大陆进行工厂扩张的项目工程师、推出新品牌的营销人员，还是我们中任何一个把已有的想法变成现实的人。当我们开始做一件新的事情时，我们可以自由地制定自己的规则，创建完全响应需求的结构和程序。无论职位高低，我们都平等地与其他人一起工作。我们牺牲个人的安逸，长时间工作，终日思考如何使项目成功，同时也愿意承担通常不会去冒的风险。沟通方式往往非常直接，我们对企业的关注超过了对人们敏感性的关注。在初创企业中工作的压力会很大，这对我们的家庭生活产生了很大的影响，同时也令人兴奋。使创业富有成效的部分原因是我们知道那只是暂时的，因此正常的官僚操作方式被暂停。我们没有时间或精力去互相玩办公室政治或耍手腕。

在美国，许多组织已经意识到为了鼓励创业精神，必须把官僚方式放在一边。特殊的新企业团队、业务团队、“臭鼬工厂”、工作团队甚至是薪酬体系，都是为了避开正常的经营方式而建立的。

我们的创业经验为我们提供了线索，让我们明白如何在当前的机构内创建我们信任的组织。我们希望以正常的业务方式创造一些条件，它们通常只存在于临时的、反主流的创业公司中。我们的目标是让每个组织都具备初创企业的一些品质。

我们知道自己正面临艰难的战斗。通常，认为一个成功的试点将被复制到其他地方的想法是一种错觉。在一个组织中的某个部分进行的成功实验，通常被认为是大型组织不受影响的一种实验。我们创造或允许诸多创业努力，随着它变得越来越成功，我们试图强迫它遵守更大机构的官僚制度。在并购的过程中经常会发生同样的事情，我们并购了一家成功的小公司，然后要求它遵守我们的规则。在这样的过程中，一些东西丢失了，而且大多数并购永远都兑现不了当初的承诺。

答案不是创造越来越多的保护层，而是重建更大的机构。当每位员工意识到这项任务是他或她自己的责任时，就会发生这种情况，我们都在寻找表明这种情况正在发生的有希望的迹象。

我不断被问道：“授权在哪里付诸实践？有没有组织真的能够多年保持创业精神？哪个组织消除了政治游戏？在哪里做出了创建真实组织的承诺并取得了成就？”我们需要证明和证据。这些问题的背后是担心这些关于愿景、伟大和勇气的概念不切实际，在现实的世界中行不通。

对这些问题唯一诚实的回答是，事实上，我们不知道什么是可能的，但我们可以给出一些有希望的例子。

- 李维·施特劳斯公司的董事会主席阐述了企业的愿景，并做出了个人承诺，即管理委员会的成员将以身作则实现这一愿景。
- 在 20 世纪 80 年代，福特汽车公司选择了 325 人。他们不做别的，只帮助实现员工参与流程。福特汽车公司的主要部门决定将自己的人和客户放在第一位，而且言出必行。
- 医疗保健集团内的一家公司开展了真正支持创业精神的实践，这家公司消除了保密、悬殊的地位差异、其他官僚制度，制定了奖励制度和决策制度，承诺对组织的贡献第一，个人职业发展第二或第三。
- 我接触过的每家公司都在进行某种授权实验。一些人正在创造共同价值观的宣言，其他人在识别创业的保护层，以高度的员工参与为基石的质量计划比比皆是。

遗憾的是，关于在其他地方起作用的工作数据仍然没有回答我们关于什么是可能的或实用的问题。这些问题非常个性化。真正重要的是在我们这里可能发生的事情，没有人可以为我们解答这个问题。我们希望得到外部证据，这是我们希望安全的另一种表达。创建自主选择的组织并无安全的方法。即使我们有无可辩驳的证据表明，像谷歌和美捷步这样的公司在创造另类的企业文化方面取得了成功，这可能会为我们带来一些灵感，但是作用不大。我们选择伟大，是因为我们知道我们必须构建自己定制版本的企业文化，而它可能永远不会在我们的职业生涯中实现。我们都知道，即使是在那些商业书籍中被描述得很有魅力的公司，每家企业也都有创业精神的部分和官僚的部分。但那又怎么样？

别人的经验可以作为我们的路标，但我们毕竟要独自旅行。每个人的任务都是建立一个其他人会在其文章里写到的工作单位。当我们面对自己的怀疑和悲观时，我们会表现得好像有更多的事情是可能的，因为我们一直都知道自己可能是天真的和愚蠢的。当问题是：“你能向我证明你的建议是有效的吗？”答案是否定的。对于这个问题：“如果我以积极的方式追求职场中的政治，我会成功吗？”答案是，你无从知晓，而且你有可能失败。

每一种创新行为都是一种信仰行为。信仰的本质是在没有任何真实证据证明我们的努力会得到回报的情况下行动。选择一种只有我们自己才相信的生活方式，秉持这种信仰的行为赋予了我们的工作和生活真正的意义。所以，为了感谢你已经读到这里或者聪明地从这最后一页看起，作为结束语，我想说，授权可能只是我们对自己做出的一系列承诺。

- 我们是组织的架构师，选择它们的形式和未来。我们不仅是劳动者，还要跟随别人的计划。
- 我们设定的目标是独一无二的，之前没有人以同样的方式实现过。
- 我们选择难走的路并承担由此带来的焦虑。
- 我们冒着失去一切的风险，不是为了刺激，而是因为没有万无一失的路。
- 我们可能只是在尝试一种可能性，这或许就足够了。
- 我们是相互依存的关系生物。我们并不孤单，还有其他拥有相同愿景的人在前面等待着我们。

注解书目

ANNOTATED BIBLIOGRAPHY

本列表不是文献综述，而是对理解赋能授权型经理具有特殊意义的出版物清单。每个条目都包含对该书焦点的一个评论。

Albran, Kellogg.*The Profit*.

本书描写的是大师与信徒之间滑稽的模仿关系，它引导我们寄希望于从我们自己之外的一个视角寻找答案。这本书也很有趣。

Allen, Woody. *Getting Even.*

伍迪·艾伦让荒谬看起来既自然又正常。作为经理，我们不断地尝试完成这样的过程。

Bean, Audrey E, Carolyn Ordowich 和 William A.Wesley 1985-1986. "Including the Supervisor in Employee Involve-ment Effort. *National Productivity Review* (Winter: 64-77)

这是一篇概述了支持管理者授权的实用方法的经典文章。

Bennis, Warren G. and Burt Nanus. *Leaders*.

这是一本关于更高层次的领导力方面的好书。它明确了在将意图转化为行动的过程中，愿景所起到的作用。

Block, Peter. *Stewardship: Choosing Service over Self-Interest; The Answer to How Is Yes: Acting on What Matters; and Community*: *The Structure of belonging.*

这些书扩展了《赋能授权型经理》的想法。

Block, Peter. *Flawless Consulting.*

这本书讲的是如何成为更高效的内部顾问 / 普通职员，用另一种形式表达了《赋能授权型经理》基于的价值观。

Bugental, James F.T. *The Search for Authenticity.*

肯定我们自身存在的疗愈性观点，本书让我们看到自己如何阻止自己获得内心想要的东西，值得一读。

Dass, Ram. *Be Here Now.*

这是一本无论从视觉上还是精神上讲都很动人的书，它可以帮助我们将市井生活与内心和外在对信仰的寻找整合起来。

Frankl, Victor E. *Man's Search for Meaning.*

这是我读过的最好的书，它告诉我们，无论外部环境如何，我们都拥有选择的希望和信念。

Gallwey, Tim. *The Inner Game.*

本书精妙地讨论了如何整合学习、表演和娱乐，它是一本关于自我管理的好书。

Heller, Joseph. *Something Happened.*

本书用艺术家的视角看待组织生活中令人不安的现实。

Hoffman, Bob. *No One Is to blame.*

本书是直面依赖问题并解决权力问题的非常实用的指南。

Koestenbaum, Peter. *Managing Anxiety.*

这是一本工具书，它帮助我们理解焦虑，以及它在人的发展过程中扮演的角色。

Koestenbaum, Peter. *Leadership: The Inner Side of Greatness.*

本书完美地阐述了领导力与哲学的交相辉映，没有人比彼得对我的思想产生的影响更大。

Kopf, Sheldon. *No Hidden Meanings.*

这是一部力作，书中的图片和引述触及我们内心最深的恐惧和渴望。

Naisbitt, John and Patrick Aburdene. *Reinventing the Corporation.*

本书证实了令人欣慰的事实，那就是许多人希望看到的组织的变化已经发生了。

Golf Digest. *Worlds 50 Greatest Golf Courses.*

开个玩笑，有时我想，如果真能在美国找到伟大，那肯定是在圆石滩球场的第 18 洞。

致谢

ACKNOWLEDGEMENTS

一本书的妙处在于，它不仅代表读者将开启一段旅程，同样代表作者也被带入一段旅程。通常在教学中，你会写一些你关心的但你并不完全了解的东西，在你把这些东西诉诸笔端以供公众阅览的过程中，压力会促使你弄清你原来并不理解但又渴望理解的东西。在这个过程中，你的信念来自那些常常在不知不觉中感动过你的人。

本书的精神立意来自我的哲学家朋友彼得·科斯滕鲍姆的智慧和慷慨，他给了我全方位的精神滋养。在我们初次见面时，彼得就问我“此生为何而来”，当时我无法回答，他问我什么时候能确定，我说需要一年的时间，他说：“那恐怕太长了，我可等不及。”他就是这样一位诤友。

认真对待职场政治的想法源于我与得克萨斯大学教授拉里·布朗宁的友谊。拉里给我看了一些他关于组织政治的研究，唤醒了我教导人们参与职场政治的想法。本书就是从那时开始酝酿的。

克利夫·博尔斯特和乔尔·亨宁是我在积极职场政治培训工作坊的两位好搭档，他们为本书贡献了很多独特的观点。克利夫既知识渊博又很务实，这真是罕见的特质组合。乔尔，除了是我知道的最棒的顾问，还特别善于把深刻的道理深入浅出地加以实践。他们两位，还有彼得·科斯滕鲍姆，堪称本书的无名作者。

我也非常感激两位向我付费咨询的高级管理人员，通过他们的言行，我学到了很多。一位是诺布尔·吉维登，他是纽约州教育机构体系的主管，他的管理风格既强有力又非常人性化，这正是本书所讲述的。另一位是约翰·莱尔，他体现了创业精神，清晰地洞察到组织管理中可能替代官僚思维模式的一番景象。

本书的第一个化身是发展积极职场政治技巧的一个工作坊。除了上述提到的友人，多米尼克·沃利尼和奥布里·克莱默对于催生那个工作坊贡献了很多力量。尤其是多米尼克，她一手带大了当时尚处于婴儿期的工作坊，克服了工作坊成长过程中遇到的很多困难。

我们咨询公司的支持人员以他们可能没有意识到的方式，为本书的第 1 版做出了巨大贡献，这些人中包括芭芭拉·汤利、珍妮特·纽维尔和凯·卡拉汉，为了使公司持续开展业务，他们付出了很多。

除了本书第 1 版，我的写作生涯到目前为止的所有作品都由莱斯利·斯蒂芬负责编辑。现在终于有了第 2 版，她一如既往地帮助我把这本书的观点变得更为清晰，更中肯扼要，更少赘述。她在这方面绝对是最棒的。

与约翰·威利父子出版社团队的合作也是一桩乐事：马特·霍尔特、利亚·奥塔维亚诺、黛博拉·辛德勒耐心地听我对封面设计的执著想法，并且在出版的每个阶段都提出了富有创意的建议。

著书立说需要一种自大与信心的混合物，自大指的就是我，而尼尔·克拉普在这本书的写作出版和我的第一本有关咨询技巧的书的写作出版过程中都给了我专业的支持，他在许多方面比我更珍视我的创意，为此我永远感激他。

最后，我想感谢吉姆·马赛尔可，他一心助人，乐于沟通，具备无与伦比的培训技能，他为本书的问世创造了条件。我们想念他和尼尔。